MICHELET

MICHELET.

NOUVEAU PROGRAMME
DE L'ENSEIGNEMENT SECONDAIRE SPÉCIAL
RÉORGANISÉ PAR DÉCRET DU 8 AOUT 1886 (2e ANNÉE).

MICHELET

SA VIE, SON ŒUVRE HISTORIQUE

PAR

F. CORRÉARD

ANCIEN ÉLÈVE DE L'ÉCOLE NORMALE SUPÉRIEURE, PROFESSEUR
AGRÉGÉ D'HISTOIRE AU COLLÈGE ROLLIN

Avec un portrait, une carte de France et des **extraits historiques**
*accompagnés de nombreuses notes littéraires,
historiques et géographiques.*

Ouvrage adopté par le Ministère de l'Instruction publique.

PARIS
H. LECÈNE ET H. OUDIN, ÉDITEURS
17, RUE BONAPARTE, 17

1887

MICHELET

CHAPITRE I.

LES ANNÉES D'APPRENTISSAGE DE MICHELET. — ENFANCE. — ADOLESCENCE. — PREMIÈRE JEUNESSE.

L'enfance du grand historien dont nous allons parcourir ensemble la vie et les œuvres mérite d'arrêter notre attention. D'abord Michelet a été en quelque sorte son propre historien. Dans maint passage de ses nombreux ouvrages, il s'est plu à parler de sa famille, à rappeler ses souvenirs d'enfance et de jeunesse. Celle qui fut la compagne dévouée des dernières années de sa vie n'a eu qu'à rassembler ces fragments épars, à les relier et à les compléter avec un art délicat, pour en faire un beau livre à la fois touchant et instructif, qu'elle a intitulé avec raison : *Ma Jeunesse* (1), et qui est comme le premier volume des Mémoires de Michelet. Ce serait une bonne fortune pour nous si nous possédions beaucoup de livres semblables sur les commencements des savants, des écrivains, des artistes illustres. L'homme, en effet, est contenu dans l'enfant comme le chêne dans le gland. Les impressions qu'on a reçues du pays où l'on est né et où l'on a d'abord vécu, des parents qui nous ont élevés, des maîtres qui nous ont instruits, des premiers amis que nous avons eus, des premières personnes que le hasard nous a fait connaître, en restant profondément enfouies dans l'esprit et dans le cœur, sont comme la source cachée d'où jailliront les œuvres de la jeunesse et de l'âge mûr. C'est donc à cette source lointaine qu'il faut remonter lorsqu'on veut pleinement comprendre, et, partant, admirer, en connaissance de cause, le génie d'un grand écrivain.

Il y a plus. L'enfance de Michelet n'a pas été,

(1) *Ma Jeunesse* : 1 vol. Calmann-Lévy, 1884. Profitons de cette occasion pour exprimer à Madame J. Michelet toute notre reconnaissance pour le bienveillant accueil qu'elle a fait à ce petit livre et pour l'autorisation qu'elle nous a gracieusement accordée de citer de larges fragments de l'œuvre de Michelet. Adressons les mêmes remercîments à M. Lacroix, et à MM. Hachette et Cie.

comme celle de Lamartine, le grand poète français, ou de Gœthe, le grand poète allemand, ou de tel autre homme célèbre, facile et heureuse, de sorte qu'il n'ait eu d'abord qu'à laisser croître les dons précieux qu'il avait apportés en naissant. Tout au contraire, Michelet a trouvé à son berceau la maladie, la faim, le froid, l'incertitude du lendemain, l'obligation d'aider ses parents dans leur lutte de chaque jour contre la misère. C'est certainement grâce à la sollicitude et au dévouement de ces excellents parents, mais c'est grâce aussi à sa constance, à son indomptable énergie qu'il est parvenu à triompher de la mauvaise fortune et à être ce qu'il a été. Le spectacle infiniment touchant de ces années douloureuses est en même temps salutaire et fortifiant. Nous apprenons par cet exemple à tenir haut nos cœurs, à ne jamais prêter une oreille complaisante aux sollicitations du découragement et de la langueur, à rester toujours debout et actifs, bref à *devenir des hommes.*

Le père de Michelet était Picard, originaire de la ville de Laon. Sa mère était née dans un petit village du département des Ardennes, parmi les rochers et les grands bois. Cette contrée sévère, d'un climat rude, fait les mœurs austères, laborieuses, raisonnables. Il y a plus de vivacité et de violence en Picardie.

« Les deux familles dont je procède, dit Michelet, étaient originairement des familles de paysans qui mêlaient à la culture un peu d'industrie. Ces familles étant fort nombreuses (douze enfants, dix-neuf enfants), une grande partie des frères et des sœurs de mon père et de ma mère ne voulurent pas se marier pour faciliter l'éducation de quelques-uns des garçons que l'on mettait au collège. Dans ma famille maternelle particulièrement, les sœurs, remarquables par l'économie, le sérieux, l'austérité, se faisaient les humbles servantes de messieurs leurs frères, et, pour suffire à leurs dépenses, elles s'enterraient au village. Plusieurs cependant, sans culture et dans cette solitude sur la lisière des bois, n'en avaient pas moins une très fine fleur d'esprit (1). »

Le père de Michelet habitait Laon, où son père était professeur de musique et maître de chapelle ; il se destinait à devenir prêtre, lorsque éclata la Révolution française, qui changea sa destinée en même temps qu'elle bouleversait toutes les conditions sociales. Sur les conseils de son père, qui craignait qu'il ne se mêlât aux agitations qui troublaient

(1) *Le Peuple*. Paris, Calmann-Lévy, 1882. Cinquième édition.

alors toutes les villes, il se rendit à Paris et entra en qualité d'ouvrier dans l'imprimerie où le gouvernement faisait imprimer les Assignats, c'est-à-dire le papier qui remplaçait la monnaie rare ou absente. C'est dans cette situation obscure qu'il traversa sans trop de risques cette période terrible de la Révolution appelée la Terreur, où personne, si petit qu'on fût, n'était en sécurité. Quand la Terreur fut finie, que l'industrie et le commerce reprirent quelque activité, le père de Michelet voulut s'établir et travailler pour son propre compte. Son père lui céda la moitié de sa petite fortune pour fonder une imprimerie et vint habiter Paris avec lui. C'est vers cette époque qu'il se maria. La mère de Michelet était venue du fond des Ardennes à Laon pour y tenir la maison d'un vieux chanoine, son oncle : elle était plus âgée que son mari, mais celui-ci, depuis son départ de Laon, avait toujours songé à l'épouser un jour.

Jules Michelet vint au monde le 21 août 1798, à Paris, dans le chœur d'une église enlevée au culte par la Révolution et que ses parents avaient louée pour y installer leur imprimerie. Le nouveau-né était « *peu viable, agité, maladif sans maladie.* » Sans les soins de son père et de sa mère qui se relayaient la nuit pour l'alimenter, il serait certainement mort. « A quatre ans, il était tout nerveux, d'une *sensibilité exagérée*, maladive, incapable d'éviter la souffrance. » Son enfance et son adolescence jusque vers sa dix-huitième année ne furent qu'une suite presque ininterrompue de souffrances.

Les affaires des parents de Michelet, lorsque leur fils naquit, étaient loin d'être prospères : depuis, elles ne firent qu'empirer. Au début, en 1794-1795, leur entreprise avait assez bien marché, parce qu'on imprimait beaucoup de journaux et de bulletins à cette époque. Mais cette période de prospérité fut de courte durée : l'essor de l'imprimerie se ralentit ; puis, la France se donna, dans la personne du premier Consul Napoléon Bonaparte, un maître puissant et glorieux, mais despotique, soupçonneux, incapable de supporter la moindre contradiction et la moindre contrariété ; la Presse, la dernière arme qui restât à ses adversaires, fut, de sa part, l'objet d'une surveillance étroite ; il l'amoindrit, la restreignit peu à peu, et, finalement, l'étouffa. La ruine de la famille de Michelet est liée aux mesures qui, sous le Consulat et sous l'Empire, ont frappé les journaux et l'imprimerie.

Dès 1800 le nombre des journaux est réduit à treize. Le père de Michelet obtient alors l'autorisation d'imprimer une gazette ecclésiastique : l'autorisation à peine accordée lui est retirée au profit d'un autre, sans qu'il soit indemnisé de ses frais. Il essaie d'imprimer un roman : le livre est détruit parce qu'il a blessé une personne influente. A bout de ressources, il se laisse séduire par un habile intrigant, emprunte six mille francs à un usurier et transporte son mince mobilier rue des Saints-Pères, « dans un local immense, délabré, où nous étions comme perdus, où rien ne fermait, et qu'il était impossible de chauffer. » Cette suprême tentative ne réussit pas mieux que les précédentes; toutes les misères fondent à la fois sur la malheureuse famille : chaque jour l'usurier Vatard était là, faisant des scènes atroces pour obtenir le remboursement de l'argent qu'il avait prêté. Un jour, la mère et l'enfant apprirent que le père avait été arrêté et conduit à la prison de Sainte-Pélagie, où l'on enfermait ceux qui ne pouvaient pas payer leurs dettes. Ce père infortuné ne désespéra pas cependant : son courage, sa confiance dans l'avenir étaient inébranlables : il sortit de prison en concluant un arrangement avec son créancier, et se remit à l'œuvre, comptant sur le travail de son imprimerie pour s'acquitter de sa dette et faire vivre les siens. La famille Michelet émigra encore une fois pour s'établir boulevard Saint-Martin, dans un local triste, humide, une véritable cave.

« Pour remonter l'imprimerie, c'était déjà toute une entreprise, et nous manquions de bras, n'ayant pas de quoi payer des ouvriers. Il nous fallut donc faire le travail nous-mêmes. Mon oncle Narcisse, qui imprimait à son compte, nous vint de temps en temps en aide. Mon pauvre grand-père se mit aussi à l'ouvrage ; il imprima de ses mains tremblantes. Ma mère, déjà atteinte de la cruelle maladie qui devait l'emporter prématurément, se fit brocheuse, coupa, plia. Et moi, enfant, je composais, m'apprenant seul à assembler les lettres (1). »

Cette trêve fut de courte durée. Les Michelet ne s'étaient relevés un instant que pour retomber plus misérablement. A partir de l'année 1811, le commerce et l'industrie deviennent de plus en plus languissants. Toutes les forces de la France étaient accaparées par la lutte gigantesque que l'Empereur Napoléon soutenait contre l'Europe. « L'argent tarissait, le sang tarissait. Tous les ans on enlevait, d'un coup, trois cent mille hommes. » L'année 1812, qui marque le commencement de la chute de l'Empire et des désastres de la France, porta le dernier coup aux parents de Michelet. Seize décrets impériaux, en deux ans, avaient frappé l'imprimerie. En 1812, le nombre des imprimeurs fut réduit à soixante : une indemnité dérisoire (quatre sols pour quatre francs) était allouée aux imprimeurs supprimés : on mit les scellés sur les presses de

(1) *Le Peuple.*

l'imprimerie. C'était le pain de la famille qu'on enlevait. Tous ces revers se traduisirent en cruelles souffrances pour l'enfant.

« Malgré les adoucissements qui sont venus plus tard, dit Michelet, je porte toujours ces temps en moi. Ma taille, plus petite que celle des autres membres de ma famille, une maigreur singulière des extrémités, rappellent que mon enfance ne fut point nourrie. Mes privations peuvent se résumer en trois mots : jusqu'à quinze ans, point de viande, point de vin, point de feu. Du pain, des légumes, le plus souvent cuits à l'eau et au sel. Si j'ai survécu, c'est que, malgré les souffrances et la santé ruinée de ma mère, la saine constitution de mon père prévalut en moi. Le travail, les habitudes de la vie solitaire que je menais avec mes parents, me soutinrent aussi, me rendirent actif, mais sans me fortifier jamais. De sorte que ma chétive figure reste comme un monument de ces temps de deuil : les cicatrices que garde ma main droite témoignent de tant d'hivers passés sans feu (1). »

Tout enfant, alors que son père était prisonnier à Sainte-Pélagie, Michelet passait de longues heures seul dans le logis froid et désert, pendant que sa mère allait chercher dehors le pain de la journée.

---

(1) *Ma Jeunesse.*

Dès qu'il fut assez fort, il lui fallut travailler tout le jour pour aider ses parents.

« Le lieu où fut établie notre imprimerie, fort triste et fort humide, était de plain-pied sur la rue de Bondy, mais faisait cave du côté du boulevard Saint-Martin. N'allant pas encore à l'école, c'est là que je passais la plus grande partie de mes journées.

« De temps en temps, quand l'hiver s'adoucissait, le soleil venait à midi, par un large soupirail, égayer d'un rayon oblique la casse où j'assemblais mes petites lettres de plomb. Je n'étais pas seul à m'en réjouir. Alors, à l'angle du mur, j'apercevais distinctement une prudente araignée, qui, supposant que le rayon amènerait pour son déjeuner quelque étourdi moucheron, se rapprochait de ma casse. Ce rayon, qui ne tombait point dans son angle, mais plus près de moi, était pour elle une tentation naturelle de m'approcher. J'avoue que je ne goûtais guère une société si intime : la figure d'une telle amie me revenait peu... Sans analyser sa figure ni bien distinguer ses yeux, je me sentais regardé, observé ; et apparemment, à la longue, l'observation me fut tout à fait favorable. Par l'instinct du travail peut-être (qui est si grand dans son espèce), elle sentit que je devais être un travailleur et que j'étais là occupé comme elle à tisser ma toile. Quoi qu'il en soit, elle quitta sans ambages les précautions ; avec une vive décision elle descendit de son fil et se posa résolument sur notre frontière respective, le bord de ma casse, favorisée en ce moment d'un blond rayon de soleil pâle. Si différents, nous arrivions ensemble du travail nécessiteux et de la froide obscurité à ce doux banquet de la lumière (1). »

Le corps n'était pas seul à souffrir. La sensibilité, c'est-à-dire la capacité que nous avons d'éprouver de la joie ou de la peine, du plaisir ou de la douleur, était (on l'a vu) extrêmement délicate chez cet enfant : un rien, un souffle, un choc imperceptible ébranlaient tout son être. Les soucis quotidiens de ses parents retentissaient douloureusement dans sa jeune âme. Les scènes navrantes dont il fut alors témoin ne s'effacèrent jamais de sa mémoire.

« L'âge de ma première enfance, écrivait-il plus tard, est précisément celui qui m'a laissé les traces les plus durables, comme des brûlures qui ont d'autant plus marqué sur un âge si tendre. »

C'étaient les scènes effrayantes de l'usurier Vatard, dont, longtemps après, il voyait encore la figure atroce, dont il entendait la voix rauque et les paroles menaçantes. C'était sa première visite dans la prison de son père, « ces guichets où il fallait se baisser, ces barreaux, ce bruit de portes ferrées, de clefs qu'on entendait à chaque instant. » Ces maux qui firent tant pâtir le pauvre enfant, loin

(1) *Ma Jeunesse.*

d'émousser son intelligence, l'aiguisèrent avant l'âge : il comprenait tout ce qu'il sentait, multipliant par là ses souffrances. Son imagination, c'est-à-dire la faculté de ressusciter l'image des objets disparus et de former des combinaisons avec ces images, prit un incroyable essor. Dans les longues heures de solitude, son esprit s'envolait loin du logis froid, humide, malsain, le transportait dans des châteaux féeriques, peuplés de princes et de princesses, où tout était joie et lumière. C'est surtout lorsqu'il était immobile devant sa casse d'imprimerie, occupé à combiner les caractères, que son imagination prenait des ailes et le consolait de la fatigue et de la monotonie du métier mécanique par de beaux voyages dans les pays enchantés du rêve. « Jamais, dit-il, je le crois, je n'ai tant voyagé d'imagination que pendant que j'étais immobile à cette casse. Plus mes romans personnels s'animaient dans mon esprit, plus ma main était rapide, plus la lettre se levait vite. »

Pendant cette période de son enfance, Michelet reçut deux impressions très fortes qui ont exercé une influence durable sur le reste de sa vie. La première fut produite par une lecture (Michelet avait appris à lire et à écrire presque tout seul, assis à côté de sa mère).

« Dans les détresses extrêmes où nous nous trouvâmes, je ne sais quel instinct solitaire me poussa à ouvrir un livre de piété. C'était l'*Imitation de Jésus-Christ* (1), précédée de l'ordinaire de la Messe. Comment dire l'état de rêve où me jetèrent les premières paroles de ce livre ? Ces dialogues entre Dieu et une âme malade, comme l'était la mienne, m'attendrissaient profondément. Je ne lisais pas, j'entendais...., comme si cette voix douce et paternelle se fût adressée à moi-même.

« Timide, ne connaissant les hommes que par le mal qu'ils nous avaient fait, je goûtais avidement les louanges de la solitude dont ce livre est plein. Il me semblait déjà (et j'ai su depuis que j'avais raison) qu'il avait été écrit par un solitaire comme moi. Il me faisait apercevoir, tout à coup, au bout de ce triste monde, la délivrance de la mort, l'autre vie et l'espérance... Je vois encore la grande chambre froide et démeublée, elle me parut vraiment éclairée d'une lueur mystérieuse... *Je sentis Dieu* (2). »

Ce livre écrit par un moine du Moyen Age, dont le nom est resté inconnu, pour consoler les âmes

(1) « L'*Imitation de Jésus-Christ*, le plus beau livre chrétien après l'Evangile. » On n'est d'accord ni sur l'époque de son apparition, ni sur son auteur, ni sur le pays qui l'a produit : « Le livre éclate au XVe siècle, et devient alors populaire, mais il a bien l'air de partir de plus loin et d'avoir été préparé dans les siècles antérieurs. » Michelet, *Histoire de France*, livre X, chapitre I, et appendice.

(2) *Ma Jeunesse. — Le Peuple.*

froissées par la dureté du siècle et la méchanceté des hommes, avait éveillé dans l'enfant un des sentiments les plus puissants du cœur humain, le sentiment religieux : il lui découvrait, par delà les souffrances et les misères de la vie présente, l'espérance d'une vie future où les injustices de celle-ci seraient réparées ; il lui révélait l'existence d'une puissance supérieure, paternelle et miséricordieuse. Cet espoir et cette croyance de l'enfance ont persisté dans l'âge mûr. On lit dans le testament de Michelet : « Dieu me donne de revoir les miens et ceux que j'ai aimés ! Qu'il reçoive mon âme reconnaissante de tant de biens, de tant d'années laborieuses, de tant d'œuvres, de tant d'amitiés ! »

« Ma plus forte impression après celle-là, dit Michelet, c'est le *Musée des Monuments Français* (1)... C'est là, nulle autre part, que j'ai reçu d'abord la vive impression de l'histoire. Je remplissais ces tombeaux de mon imagination, je sentais ces morts à travers les marbres, et ce

(1) Le *Musée des Monuments Français* fut fondé en février 1793 par la Convention qui y réunit les morceaux de sculpture et d'architecture du moyen âge qu'elle protégea contre le vandalisme, défendant de mutiler les monuments ou les livres, « sous prétexte de faire disparaître les insignes de la féodalité ou de la royauté. » Il fut dispersé après la restauration des Bourbons.

n'était pas sans quelque terreur que j'entrais sous les voûtes basses où dormaient Dagobert, Chilpéric et Frédégonde (1). »

C'était la vocation de Michelet qui se révélait à lui.

Michelet était donc un enfant au-dessus de son âge. Mais les dons précoces qu'il manifestait avaient besoin de la culture de l'éducation pour se développer et produire leurs fruits. Le père de Michelet savait quel est le bienfait inestimable d'une bonne éducation : d'autre part, il avait une foi absolue dans l'avenir de son fils, qui, dans son esprit, devait relever la famille de ses malheurs. « Mon fils sera mon consolateur, » disait-il, quand celui-ci était encore tout petit. Malgré sa pauvreté, malgré le besoin qu'il avait du travail de l'enfant à l'imprimerie, il l'envoya tous les jours chez un vieux magister qui habitait rue Saint-Thomas du Louvre

(1) Dagobert I, roi des Francs, de la dynastie des Mérovingiens (628-638). — Chilpéric I, de la dynastie mérovingienne, l'un des quatre fils de Clotaire I, devint roi de Soissons à la mort de son père (561). C'est sous son règne qu'éclate la guerre entre l'Austrasie et la Neustrie. Il fut assassiné par Frédégonde (584), qu'il avait épousée après le meurtre de sa première femme, Galswinthe. Sur Chilpéric, « le Néron Mérovingien », et sur Frédégonde, voir les *Récits Mérovingiens* d'Augustin Thierry. Edition Lecène, même librairie.

et qui s'appelait M. Mélot. Voici, d'après Michelet, le portrait de son premier maître :

« (C'était) un vieux Jacobin (1), autrefois maître de pension en province. La Révolution l'avait grisé. Il était

(1) Les Jacobins, association révolutionnaire qui, de 1791 à juillet 1794, a exercé la domination sur les assemblées et sur le gouvernement de la France. Son nom provient du couvent des Jacobins de la rue Saint-Honoré à Paris, où, à partir du 6 octobre 1789, la société des amis de la Constitution vint tenir ses réunions. « Le club (ou société des Jacobins) constituait alors (en 1791) une puissance énorme : c'était comme une assemblée rivale de l'assemblée, qui avait son président, sa tribune aux harangues, ses galeries pleines de public. Dans toutes les villes de France, jusque dans des bourgs et des villages, il se forma bientôt des sociétés de Jacobins affiliées à la société mère, qui recevaient son mot d'ordre, adoptaient ses motions et remplaçaient l'ancienne centralisation administrative par une confédération de sociétés. C'étaient ces clubs de province qui surveillaient les magistrats, dénonçaient les suspects, poussaient au morcellement et à la vente des biens d'Eglise, intimidaient les ennemis de la Révolution, et donnèrent l'impulsion à la défense nationale et à toutes les mesures révolutionnaires. » A. Rambaud, *Histoire de la Révolution Française* (Hachette). — « Dire la décomposition, l'impuissance de la Gironde, les signes de désorganisation que donnait la société tout entière, c'est dire la nécessité des Jacobins. Au défaut d'une association naturelle qui donnât à la Révolution l'unité vivante, il fallait une association artificielle, une ligue, une conjuration qui lui donnât du moins une sorte d'unité mécanique. Qui niera les services immenses que les Jacobins ont rendus à la Patrie ? Leur surveillance inquiète des actes de l'assemblée,

venu à Paris, laissant derrière lui son gagne-pain, et, pour vivre, il s'était établi libraire. Mais, les livres ne se remplaçant pas, il avait bien fallu qu'il reprît son ancien métier... Grossièrement et fadement poli, assommant les gens de compliments hyperboliques, se répétant ridiculement, accumulant les proverbes, citant toujours une demi-douzaine de bons mots : voilà l'homme dans sa conversation. Au dedans, une vertu âpre et farouche, un mépris de ce qui n'est que convenance : ce mépris, mêlé à l'abandon de ses premières habitudes, lui donnait souvent un air cynique. Il parlait de la vertu sottement, et il la pratiquait à la manière antique. Je n'ai jamais vu tant de candeur... Au total, il était resté pour les opinions, les manières et même le costume, en 92. On lui reprochait le bonnet rouge ; mais, au péril de sa vie, il avait défendu et sauvé quatre chevaliers de Saint-Louis (1), qui,

leur regard défiant sur les hommes politiques, leur rejet sévère des faibles et des tièdes, donnèrent à la Révolution un nerf incroyable. Ce qui les honore encore plus, c'est qu'à peine sortis de l'ancien régime, souvent corrompus eux-mêmes, en haine de la corruption royaliste, ils voulurent des mœurs. Ils firent des efforts sérieux pour se réformer, réformer les autres. » Michelet, *Précis de la Révolution Française*, p. 287.

(1) L'ordre de Saint-Louis est un ordre de chevalerie institué par Louis XIV en 1693 en faveur des officiers qui se distinguaient dans les armées de terre ou de mer. La marque de cet ordre était une croix d'or, au milieu de laquelle était empreinte d'un côté l'image de saint Louis, avec cette légende ; *Ludovicus Magnus instituit anno MDCXCIII :* de l'autre côté, existait une épée nue flam-

le lendemain, allaient, sans lui, à l'échafaud » (1).

Sous sa direction, Michelet apprit la grammaire et commença le latin. C'est à la pension Mélot qu'il fit une rencontre qui fut un des grands événements de son adolescence. Jusqu'alors Michelet n'avait pas eu d'ami de son âge: il avait vécu auprès de ses parents, ou bien seul au logis, ou devant sa casse d'imprimeur.

« Un matin, j'entre en classe et je trouve un nouveau venu ; personne n'était encore arrivé ; nous étions seuls. Il fallut bien, malgré soi, faire connaissance, ou du moins s'examiner et décliner son nom. Celui qui allait prendre dans ma vie une si large place s'appelait Poinsot. Je ne sais trop ce qui suivit, ni comment s'établit notre intimité. Je me souviens seulement qu'elle fut si prompte, qu'on eût dit plutôt une reconnaissance (2). »

---

boyante, et sur la pointe une couronne de laurier avec une bandelette blanche, et cette légende : *Bellicæ virtutis præmium.* Un officier ne pouvait être admis à cet ordre qu'après dix ans de services éprouvés. L'Assemblée constituante abolit les ordres de chevalerie par la constitution de 1791. La Convention supprima la décoration militaire qui avait été conservée et la remplaça par des armes d'honneur. (Chéruel, *Dictionnaire des Institutions.*)

(1) *Ma Jeunesse.*

(2) *Ma Jeunesse.*

Michelet sut bientôt tout ce que pouvait lui apprendre son vieux maître. Mais son instruction était loin d'être complète. Or, en 1812, par suite de la suppression de leur imprimerie, ses parents étaient tombés dans une extrême détresse. L'indemnité dérisoire qui leur avait été accordée était épuisée.

« Dans notre extrême pénurie, un ami de mon père lui propose de me faire entrer à l'Imprimerie impériale. Grande tentation pour mes parents ! D'autres n'auraient pas hésité. Mais la foi avait toujours été grande dans notre famille; d'abord la foi dans mon père, à qui tous s'étaient immolés ; puis la foi en moi ; je devais tout réparer, tout sauver... Mon père, sans ressources, et ma mère malade décidèrent que j'étudierais, quoi qu'il arrivât. »

Au mois d'octobre 1812, Michelet entra au lycée Charlemagne dans la classe de troisième, alors dirigée par M. Andrieux d'Alba.

Le cœur lui battait bien fort en s'acheminant vers le perron de l'église Saint-Paul, où se réunissaient avant d'entrer en classe les externes du lycée. Pauvrement vêtu, timide, gauche, effarouché, tout lui était sujet d'étonnement et d'effroi : c'était comme un brusque passage de la nuit au plein jour, de la solitude à la foule.

Les deux premiers jours se passèrent sans encombre.

« Le troisième, mes malheurs commencèrent. J'étais assez près de la table d'honneur; mon air candide, qui annonçait un nouveau-venu, fut bien vite remarqué par mes camarades. J'étais gauche, et l'on conclut que j'étais sot. M. Andrieux me dit de lire mon thème; me voilà tout déconcerté. Je commence d'une voix si tremblante, si tremblante qu'un rire universel s'élève de tous les coins. Ce rire cruel augmenta mon trouble, et rendit ma lecture plus ridicule; à la fin de chaque phrase ma voix tombait; impossible de la soutenir. Avec cela ma parole était claire, ma prononciation distincte; je n'étais que mieux entendu de tous ceux qui se moquaient de moi. Une classe est l'endroit le plus commode pour être bafoué. L'un vous fait son compliment, l'autre jette votre livre ou votre cahier par terre; souvent on se rit de vous à poings fermés. M. Andrieux eut pitié de moi et ne me laissa pas achever.

« Dès ce moment, je fus leur jouet. On ne me battait point; quoique moins habitué à donner et à recevoir des coups de poing que les pensionnaires, et d'ailleurs moins fort qu'un grand nombre de mes adversaires, je les aurais repoussés. Mais, à l'entrée, à la sortie de la classe, on m'entourait comme une curiosité. Ceux de derrière poussaient les autres, et j'avais peine à écarter cette foule hostile qui ne m'interrogeait que pour rire de mes réponses, quelles qu'elles fussent. J'étais justement au milieu d'eux comme un hibou en plein jour, tout effarouché... Pendant la classe, c'était un autre tourment. Trop faible pour avoir de bonnes places, j'étais toujours à côté des mauvais sujets, et, comme ils n'écoutaient jamais le professeur, ils me persécutaient d'autant plus pour se désennuyer. Seul contre tous, et craignant toujours d'être vu par M. Andrieux, je ne leur rendais guère ce qu'ils me faisaient (1). »

Cette première année de lycée fut un enfer pour une créature délicate et sensible comme l'était Michelet. « Ces railleries universelles aigrissaient mon caractère, déjà très violent. Mobile comme nerveux, je devenais immobile pour fixer ma pensée, ma souffrance, d'un regard passionné. De retour à la maison, je versais souvent des larmes de rage. » Il dit ailleurs : « Je tombai dans une misanthropie rare chez les enfants. Dans le quartier le plus désert de Paris, le Marais, je cherchais les rues désertes (2). »

Sa mère, le voyant si malheureux, eût mieux aimé qu'il interrompît ses études. Mais dans cet enfant il y avait déjà une invincible énergie, peu commune, même chez les hommes. Le fait suivant, raconté par Michelet et qui est postérieur d'une

(1) *Ma Jeunesse.*
(2) *Ma Jeunesse.*

année environ à l'époque où il faisait sa troisième, peut en donner une idée :

« Dans ce malheur accompli, privations du présent, craintes de l'avenir, l'ennemi étant à deux pas (1), et mes ennemis, à moi, se moquant de moi tous les jours, un jour, un jeudi matin, je me ramassai sur moi-même, sans feu (la neige couvrait tout), ne sachant pas si le pain viendrait le soir, tout semblant finir pour moi ; j'eus en moi un pur sentiment stoïcien. Je frappai de ma main, crevée par le froid, sur ma table de chêne (que j'ai toujours conservée), et je sentis une joie virile de jeunesse et d'avenir (2). »

Soutenu par cette force intérieure qui devait être le ressort de sa vie, Michelet se roidit au lieu de plier. Il était faible pour sa classe, n'ayant jamais fait de grec ni de vers latins avant son entrée au lycée : il travailla opiniâtrément, avec acharnement.

« Dans l'état misérable où j'étais tombé, l'étude et le silence restaient ma seule consolation. Dès que j'étais rentré, je me mettais à mes devoirs et je faisais tout ce

(1) En 1814, l'année où les Allemands, les Russes, les Anglais envahirent la France après les défaites de Napoléon en Russie et en Allemagne.

(2) *Le Peuple.*

qui était humainement possible pour réussir. Ulcéré par les blessures cruelles faites à mon amour-propre, je me promettais bien, si j'avais un jour quelque avantage, d'écraser mes ennemis (1). »

Il se tint parole. L'année suivante (1813-1814), il redoublait sa troisième sous le même professeur. A la première composition, en version latine, il est 21e. La seconde composition était en thème.

« Enfin le jour arrive... Le tableau d'honneur s'avance : malgré moi, mon cœur tressaille et tous les objets se confondent. M. Andrieux nomme le premier : c'était moi ! La secousse la plus violente de la machine électrique aurait moins fait ; mes genoux fléchirent, je ne voyais plus. J'allai pourtant en chancelant à cette fatale place, où je tombai plutôt que je ne m'assis. Comment dire le transport avec lequel je courus à la maison ? Quoiqu'il fît très glissant, j'y volai d'une traite. Mille pensées de joie et d'espérance me soulevaient. J'entre, et, sans rien dire, je leur montre ma croix : les larmes vinrent aux yeux de mon père. Ma mère, depuis quelque temps, tout à fait alitée, ne fut pas moins émue. De ce jour, ils se tranquillisèrent sur mon avenir. Mes camarades pouvaient se moquer maintenant de ma gaucherie, je ne les craignais plus (2). »

(1) *Ma Jeunesse.*
(2) *Ma Jeunesse.*

Cependant le malheur, qui s'était abattu sur la famille Michelet, ne lâchait pas sa proie. Les Michelet demeuraient alors dans « l'étroite et sombre rue de Périgueux ». L'appartement « consistait en une unique pièce et un cabinet noir où couchait Michelet. Pour horizon, la cour d'un marchand de planches. » Madame Michelet était clouée dans son lit par l'hydropisie qui compliqua sa maladie de poitrine. Les faibles ressources qui leur étaient venues d'un tout petit héritage achevaient de s'épuiser. On ne savait jamais la veille quelle serait la nourriture du lendemain. « Rue des Saints-Pères, dit Michelet, c'était pour moi un régal d'avoir quelques légumes un peu assaisonnés; rue de Périgueux, cela m'a semblé l'abondance du riche. » Le plus souvent il partait pour le collège à jeun, l'estomac et la tête vides. Quand sa grand'mère venait le voir et qu'elle lui donnait quelque menue monnaie, il s'ingéniait à acheter quelque chose qui pût tromper sa faim et qui, en même temps, ressemblât à une friandise, afin d'éviter les railleries de ses camarades. Le plus souvent, c'était un homme en pain d'épice de deux sous.

« Pendant la classe, quand je sentais le vertige me saisir, et que mes yeux voyaient trouble par l'effet de l'inanition, je lui cassais un bras, une jambe, que je grignotais à la dérobée. Mes voisins ne tardaient guère à surprendre mon petit manège. « Que manges-tu là? » me disait Révol ou Foret. Je répondais, non sans rougir: « Mon dessert (1). »

La faim n'était pas le seul tourment.

« Nous n'allumions jamais de feu dans notre grande chambre, si ce n'est pour préparer les aliments, et, comme on l'a vu, ce n'était pas tous les jours nécessaire. En toute saison, je portais un petit habit tête de nègre. Par les temps de gelée, il devenait fort sec. La bise me transperçait jusqu'à la moelle des os. N'importe, malgré l'hiver, les engelures qui s'étaient ouvertes et me faisaient cruellement souffrir, je me levais avant le jour pour relire la volumineuse histoire ancienne de Rollin (2). »

Les deuils vinrent s'ajouter aux souffrances physiques et morales. Les vêtements noirs entrèrent dans la pauvre maison. Ce fut le vieux grand-père qui s'en alla le premier, « mon grand-père qui m'aimait tant et qui s'était donné tant de peines inutiles pour m'apprendre la musique. »

« Maintenant, c'était le tour de ma pauvre maman. L'hydropisie remontait et gagnait le cœur. Elle était incapable d'aucun mouvement.

(1) *Ma Jeunesse.*
(2) *Ma Jeunesse.*

« Le mercredi des Cendres (8 février 1815), la veille de la rentrée en classe, après les congés des jours gras, j'étais allé au passage des Jacobins acheter quelques vieux livres, et voir M. Mélot, qui y demeurait alors. Le temps était très chargé et très triste. A mon retour, je trouvai ma mère plus mal qu'à l'ordinaire ; elle avait beaucoup de peine à respirer, et demandait sans cesse qu'on la relevât sur ses oreillers. L'enflure semblait l'étouffer. Je passai ma soirée près d'elle, à faire mon devoir du lendemain qui avait pour sujet : « le dédain de la mort ». Je l'ai gardé comme un souvenir religieux de cette nuit funèbre. A chaque instant je m'interrompais pour la relever... Vers minuit, elle reprit un peu sa connaissance, et me dit d'aller me coucher. Elle paraissait touchée de mes soins. Le matin, en me réveillant, je vis mon père tout en pleurs ; il me dit : « Ta mère est morte ». (9 février 1815.) Ce fut au retour du convoi que j'éprouvai le plus violent accès de désespoir... Cette grande chambre nue, ce lit vide, cette solitude me déchira l'âme (1). »

Michelet resta seul avec son père, celui-ci toujours absent, sortant le matin, et ne rentrant que le soir pour gagner le pain quotidien. Il acheva sa seconde aussi bien que le permettaient les temps troublés que l'on traversait. En effet, l'année scolaire 1814-1815 vit la chute de l'Empire, la France envahie par les Anglais, les Allemands, les Russes,

(1) *Ma Jeunesse.*

le rétablissement des Bourbons sur le trône de leurs ancêtres, le retour de Napoléon, l'éphémère gouvernement des Cent-Jours, la catastrophe de Waterloo, la seconde invasion de la France suivie de la seconde Restauration. Le contre-coup de ces événements interrompait naturellement le cours régulier des études.

C'est cependant vers cette époque que la mauvaise fortune qui, depuis quinze ans, n'avait pas cessé de s'acharner sur les Michelet, sembla se relâcher de sa rigueur. L'espoir d'un sort meilleur commença à poindre. Le père de Michelet trouva un petit emploi dans la maison de santé d'un médecin, le docteur Duchemin, qu'il avait obligé pendant la Révolution. Bientôt il y prit pension avec son fils. Désormais les soucis matériels les plus pressants leur étaient épargnés : ils étaient à l'abri du froid et de la faim (1815). Autant que ce bien-être, Michelet savoura la joie, inconnue auparavant, de voir la pleine lumière du soleil et la verdure des arbres (1). Jusqu'alors il avait vécu « comme une herbe sans soleil, entre deux pavés de Paris. »

« Ceux qui ont passé, dit-il, leur vie dans le froid cré-

(1) La maison du docteur Duchemin était située rue de Buffon. Les fenêtres de l'appartement de Michelet donnaient sur le Jardin des Plantes.

puscule des rues étroites du vieux Paris, comprendront les délices que j'éprouvais à le voir (le soleil) tourner vers nous comme un ami, à plonger ses longs rayons obliques jusqu'au fond de notre chambre. Que de fois la tentation m'est venue de joindre les mains et de le saluer dévotement comme un Dieu! »

En même temps que la lumière le réjouissait et le réchauffait, Michelet trouva dans cette maison une personne exquise, qui prodigua à son adolescence les trésors de tendre sollicitude qui lui manquaient depuis la mort de sa mère. Madame Hortense, que Michelet, dans sa pieuse reconnaissance, nomme sa marraine, avait aussi à se plaindre de la vie : de bonne heure veuve et ruinée, elle était restée seule avec la charge de trois enfants à nourrir et à élever. Elle s'était mise courageusement à l'œuvre et avait appris les chiffres. Le docteur Duchemin remarqua son intelligence, son activité, et lui confia la comptabilité de sa maison. Un matin, la vaillante femme apprit que sa fille, une artiste charmante, venait d'être trouvée morte dans son lit. Ce coup lui brisa le cœur, mais elle resta debout, continuant à travailler comme par le passé, conservant sa bienveillance et sa bonté. L'isolement de Michelet, son abandon forcé dans la maison de santé (son père vaquant tout le jour à son emploi de surveillant), l'émurent de pitié : elle l'adopta.

« Elle me donna, comme abri, toutes les douceurs de l'aile maternelle et une part de son âme. Cette âme qui me nourrit du malheur de la sienne, que d'années j'en ai vécu! C'est ce qui m'est resté de plus délicat, de plus fécond des impressions de ma jeunesse. Cela m'a fait pour longtemps ce que j'ai été dans la vie éveillée et dans le rêve. Et toujours quelque chose m'en est resté, comme un signe particulier dont les hommes ne s'expliquant pas la nature s'étonnaient : c'est que j'ai été deux fois fils de la femme (1). »

Sous la double influence du bien-être physique et de la tendresse maternelle dont l'enveloppait sa marraine, Michelet, jusqu'alors contrarié et comme comprimé dans son développement, prit son essor, s'épanouit ; un immortel espoir gonfla sa jeune poitrine : le vaste monde s'ouvrit devant lui. L'épanouissement de cette âme adolescente coïncidait avec la renaissance de la France; elle aussi ruinée par le despotisme du maître effréné qu'elle s'était donné, saignante encore des coups que lui avait portés l'étranger, se reprenait à vivre, à tourner son activité vers les travaux pacifiques, l'industrie, le commerce, la science, l'art.

L'année 1816, dans laquelle Michelet acheva

(1) *Ma Jeunesse.*

sa rhétorique, fut particulièrement féconde pour lui. Deux maîtres éminents, MM. Villemain et Leclerc, le premier littérateur élégant et professeur éloquent, le second d'une vaste et profonde érudition, discernèrent et apprécièrent les rares qualités de leur élève. Michelet aimait plus tard à rappeler que M. Villemain, après avoir lu, un jour, d'une voix émue une de ses compositions, descendit vivement de sa chaire, et vint, avec un mouvement de sensibilité charmante, s'asseoir sur son banc d'élève, à côté de lui. A la fin de l'année scolaire, les souffrances de l'enfant, l'énergie vraiment héroïque de l'adolescent, reçurent une récompense bien méritée. Le 19 août 1816, à la distribution solennelle des prix du Concours général entre les lycées et collèges de Paris et de Versailles, présidée par le duc de Richelieu, premier ministre du roi Louis XVIII, Michelet remporta les trois prix de discours latin, de version latine et de discours français. Le discours français, court, nerveux, d'une force singulière, annonçait un écrivain. Michelet fut un instant le héros du jour. On le fêta ; les ministres voulurent le voir. On lui prédit un bel avenir littéraire.

La rhétorique marquait, à cette époque, le terme des études scolaires. Michelet sortit du collège, encore incertain sur la carrière qu'il choisirait, résolu seulement à continuer ses études. Rien n'est plus important que le choix d'une carrière pour un jeune homme, et, partant, rien n'est plus difficile. Souvent on suit la voie tracée à l'avance par ses parents et on s'engage, à leur suite, dans la route qu'ils ont parcourue. Souvent c'est le hasard qui nous détermine. Rarement on se décide immédiatement à suivre sa véritable vocation. A ces incertitudes, s'ajoutaient pour Michelet une grande agitation, un grand trouble de l'esprit, de l'imagination et du cœur. On a souvent comparé la première jeunesse à un vin qui fermente et nous enivre. Cette ivresse, chez une nature d'élite comme Michelet, se manifestait par une étonnante activité de l'esprit, par des lectures passionnées, par une noble inquiétude touchant les graves questions qu'agite la philosophie et que résout la religion. C'est dans ce temps-là que Michelet, qui n'avait pas été baptisé dans son enfance, parce qu'à cette époque les églises étaient encore fermées au culte pour la plupart, se fit baptiser à l'église de Saint-Médard.

Cette exaltation n'était pas sans danger. Le père de Michelet le comprit et prit prétexte de quelques affaires d'intérêt pour emmener son fils dans les Ardennes, au pays maternel. Pour Michelet, qui n'était jamais sorti des rues sombres de Paris, qui ne connaissait la campagne que par la verdure des Tuileries ou du Jardin des Plantes, ce voyage fut comme la révélation d'un monde nouveau. « C'est d'abord la Champagne, triste mer de chaume délavé, étendue sur une immense plaine de plâtre. » C'est ensuite l'Ardenne, « avec ses bois fréquents coupés de clairières », sa terre « toute rouge, chargée de limaille de fer, ses forges, ses étangs, ses ardoisières. »

« Le soir du troisième jour, nous entrâmes, à grand bruit de grelots et de claquements de fouet, dans le village de Renwez (1), retiré à la lisière des bois. Toute la famille, avertie de l'heure de notre arrivée, nous attendait sur la porte. Le logis maternel donnait, de ce côté, sur la rue. Encadré dans la parure habituelle des maisons de village, le petit jardin où pousse un peu de tout, des arbres, des fleurs, des légumes, — charmant pêle-mêle, — il me parut, au premier regard, moins triste d'aspect et même attendrissant dans sa demi-vétusté (2). »

Dans cet humble et paisible logis :

« Mon oncle vivait avec sa femme, ses filles et trois belles-sœurs qui ne s'étaient pas mariées par amour de

(1) Renwez, chef-lieu de canton, à 13 kilomètres N.-O. de Mézières (Ardennes). 1,774 habitants.

(2) *Ma Jeunesse.*

leurs neveux. Les économies qu'elles faisaient dans leur célibat, peu coûteux, étaient employées à tenir ces jeunes messieurs aux écoles. Bien que ma tante Alexis fût la doyenne d'âge, il s'en fallait bien qu'elle eût l'autorité dans la maison. Elle revenait, tout entière, à la sœur cadette, ma tante Hyacinthe... Tous reconnaissaient ses capacités administratives, et, d'un commun accord, lui avaient remis les rênes du pouvoir. Elle gouvernait diligemment, non seulement l'intérieur de la maison, mais encore toutes les affaires de la communauté... Elle était la forte tête et l'homme de la famille (1). »

Michelet jouit délicieusement de la vie en plein air, de cette existence facile en sa modeste simplicité ; longues courses à travers les bois, soupers rustiques pris dans des assiettes en vieille faïence, veilles autour d'un grand feu abondamment alimenté par le bois de la forêt prochaine, qui égayait la salle d'un feu d'artifice d'étincelles, tandis que les femmes de la maison filaient groupées autour de l'âtre, et que les hommes, un peu à l'écart, causaient de leurs affaires.

Mais, entre tout, ce qu'il préférait, c'étaient les histoires de la tante Alexis, le chroniqueur en titre de la famille.

---

(1) *Ma Jeunesse.*

« On ne se lassait pas de l'entendre. Ses récits animés, faits avec une rare intelligence, d'une voix ferme, nette et précise, ont réveillé fortement, en moi, le goût très vif que j'avais déjà ressenti tout enfant pour l'histoire. Ma mère, en cela, tenait de ma tante Alexis. Je savais à peine déchiffrer mes lettres, que, pour m'encourager à apprendre plus vite à lire, elle me lisait elle-même nos vieux chroniqueurs, ceux surtout qui se sont occupés de notre vieux royaume d'Austrasie (1). Ces lectures enflammaient mon imagination. Pour me faire rester des heures entières, tranquille à ses côtés, elle n'avait qu'à ouvrir le volume de la Bibliothèque Bleue (2), le livre héréditaire, usé, noirci pour avoir été lu, relu tant de fois, en famille, à la lueur tremblante de la petite lampe suspendue sous

---

(1) Austrasie ou Austrie (royaume de l'Est), partie de l'Empire Franc où dominait l'élément teutonique ; d'une manière générale, ce royaume s'étendait de la Meuse au Meyn. A plusieur resprises, sous les Mérovingiens et les Carlovingiens, l'Austrasie a formé un royaume distinct.

(2) Bibliothèque Bleue. Ce sont les impressions faites, pendant le XVIIe siècle et une partie du XVIIIe, des chansons de geste transformées en romans de chevalerie en prose, auxquels sont venus s'ajouter des contes de fées, des légendes, etc. (les Quatre fils Aymon, Fierabras, Huon de Bordeaux, Amadis, Robert le Diable, Geneviève de Brabant, Contes de Perrault). Le nom donné à ces petits livres populaires que vendaient des colporteurs vient de la couleur de leur couverture. Les principaux éditeurs ont été Nicolas et Jacques Oudot de Troyes (Librairie du Chapon couronné), Rigaud de Lyon, Costé de Rouen, puis les imprimeurs d'Epinal et de Montbéliard. (Dictionnaire de littérature de Vapereau.)

le manteau de la haute cheminée, dans les longues nuits d'hiver.

« Là, toutes les histoires étaient racontées, depuis celle des mystères des Druides (1), jusqu'aux guerres des sangliers des Ardennes (2) au xve siècle...

« Ces légendes, toujours répétées, ne me lassaient jamais. Elles me semblaient toujours nouvelles. Il en était de même avec ma tante Alexis. Elle m'eût redit cent fois la même histoire, que je l'eusse priée, comme font les enfants pour qu'on leur raconte, encore une fois, le lendemain ce qu'ils ont entendu la veille. Pour mieux savourer ces récits, j'avais bien soin, lorsque, après le souper, chacun prenait sa place autour du feu, de porter ma chaise tout auprès de la sienne.

« Sa mémoire était infaillible, inépuisable ; non seulement elle avait tout retenu de ses lectures, mais elle avait, par tradition, mille détails intéressants sur les vieilles familles seigneuriales du pays et sur nos ancêtres maternels, les Michaux. Si modestes qu'ils fussent, on en suivait la filiation à deux siècles en arrière (3). »

---

(1) Les Druides étaient une corporation sacerdotale chez les Gaulois ; ils accomplissaient les sacrifices, célébraient les cérémonies sacrées, dont l'une restée populaire était la Cueillette du Gui. Leur doctrine était contenue dans des poèmes non écrits qu'ils faisaient apprendre par cœur aux jeunes gens dont l'éducation leur était confiée.

(2) Guillaume de la Mark, surnommé le Sanglier des Ardennes (1446-1485), fut un rude et belliqueux féodal que Maximilien d'Autriche fit décapiter.

(3) *Ma Jeunesse.*

La vocation de Michelet s'était révélée (on se le rappelle), une première fois, pendant son enfance, à la vue du Musée des Monuments Français ; mais ces monuments étaient de l'histoire glacée, morte, pétrifiée. Ici, au contraire, l'histoire se faisait vivante ; le passé restait visible dans les sites fameux, dans les châteaux à demi ruinés ; les ancêtres ressuscitaient dans les récits du foyer.

Michelet ne résista pas à ce pressant appel : manifestement il était né pour l'histoire. Mais, avant de s'abandonner à sa vocation, il lui fallait une profession qui assurât son existence matérielle et celle des siens. Michelet choisit celle qui convenait le mieux à ses études antérieures, à ses projets pour l'avenir, à son cœur aimant et sympathique, l'enseignement.

« L'enseignement, dit-il, a toujours fait ma force et ma consolation. Avoir à former des âmes est une excitation bien forte à tenir haut son propre cœur, à se défendre des défaillances, lorsqu'une fois on a pris son vol (1) ».

Les débuts furent plus que modestes. Il entra comme répétiteur de philosophie et d'histoire à l'institution Briand, rue Culture-Sainte-Catherine

(1) *Le Peuple.*

(1817), à raison de soixante francs par mois pour deux heures de leçon le matin et deux heures le soir. Eté comme hiver, et quelque temps qu'il fît, il était tenu d'arriver à six heures du matin, ce qui l'obligeait à quitter la maison dès cinq heures. En hiver, la nuit était noire, redoublée souvent par un brouillard que les réverbères ne pouvaient percer; le verglas transformait les pentes de la montagne Sainte-Geneviève en miroirs glissants, sur lesquels l'équilibre était presque impossible à conserver. Néanmoins, Michelet se rend ce témoignage qu'il n'arriva jamais en retard.

Son existence, toute de travail, s'écoulait entre son père et son ami Poinsot, qui vivait avec eux. En 1818, le docteur Duchemin céda sa maison de santé. Ce fut un crève-cœur pour Michelet de quitter les arbres du Jardin des Plantes dont il avait fait son parc et sa salle d'études. Heureusement, son père découvrit, vers le milieu de la rue de la Roquette, « une délicieuse maison, ou plutôt un petit hôtel, entre cour et jardin », dont le premier étage était à louer. C'est là qu'il l'installa le 17 juin 1818.

A cette date finit la période d'apprentissage de Michelet, période douloureuse, remplie par le froid, la faim, les deuils, les angoisses de l'amour-propre humilié, les souffrances aiguës d'une organisation délicate et sensible à l'excès, et aussi par une énergie héroïque, par un labeur acharné, qui triomphe des fatalités qui l'oppriment. L'enfant maladif et bizarre est devenu un jeune homme déjà en possession des qualités maîtresses qui vont en faire le rival des hommes les plus éminents de sa génération et un des plus grands écrivains dont s'honore la France contemporaine. Ces qualités que nous avons surprises en germe dans l'enfant, qui se sont développées et affinées sous l'étreinte de la misère, sont :

Une sensibilité infiniment délicate,
Une puissante imagination,
Une vive intelligence,
Une volonté énergique et constante.

Nous allons assister, maintenant, à la floraison de ces belles facultés et à leur application au passé et au présent, aux hommes et à la nature, à l'histoire politique et à l'histoire naturelle.

CHAPITRE II.

LES DÉBUTS DANS L'ENSEIGNEMENT ET DANS L'HISTOIRE. — LE PRÉCIS D'HISTOIRE MODERNE. — L'HISTOIRE ROMAINE.

Entré dans l'enseignement avec les fonctions les plus modestes, Michelet continua de travailler durement pour conquérir les grades universitaires qui lui permettraient de sortir d'une situation si fort au-dessous de son mérite. Reçu bachelier en **1817**, ce qui lui donnait droit au diplôme de capacité pour enseigner, il se fit recevoir docteur en **1819**. Pourvu du titre d'agrégé en **1821**, à la suite d'un brillant concours, il fut nommé la même année professeur d'histoire et de philosophie au collège Sainte-Barbe Rollin. Sa situation et celle des siens étant améliorée, l'avenir assuré, il se maria âgé seulement de vingt-cinq ans : la jeune fille qu'il épousa vivait tristement, à peu près délaissée des siens, comme demoiselle de com-

2*

pagnie d'une dame âgée dans la maison de santé du docteur Duchemin : c'est là que Michelet la connut et s'émut d'abord de pitié pour son infortune.

Michelet a conservé le plus doux souvenir de ces dix premières années de professorat.

« C'était un grand bonheur pour moi, dit-il, lorsque, dans la matinée, j'avais donné mes leçons, de rentrer dans mon faubourg, près du Père-Lachaise (1), et là, paresseusement, de lire tout le jour les poètes (2), Ho-

(1) La maison habitée par Michelet de 1818 à 1827 se trouve au numéro 49 de la rue de la Roquette. Elle avait été auparavant habitée par Sédaine. Voir l'intéressante notice de Madame Michelet dans l'appendice de *Ma Jeunesse*, — *la maison de Sédaine et de Michelet.*

(2) Homère, poète grec qui, selon la tradition, serait né en Asie-Mineure, dans l'Ionie, environ 900 ans avant Jésus-Christ, et serait l'auteur de l'Iliade et de l'Odyssée. Aujourd'hui, après les travaux des savants allemands, français, anglais, « nous ne savons exactement ni ce que veut dire ce nom, ni à quelle époque, ni à quel endroit est né celui qui l'a porté, ni même s'il y a eu un homme portant ce nom. L'Iliade et l'Odyssée, qui sont chacune l'œuvre d'un homme, ne sont pas sans doute l'œuvre du même homme ». Voir sur ce point *Homère*, par *A. Couat*, dans la collection des Classiques populaires. (Lecène et Oudin, éditeurs.) — Sophocle, poète tragique né à Colone, près d'Athènes, vers 496, mort vers 405 avant Jésus-Christ. — Théocrite, poète grec qui vécut à Syracuse et à Alexandrie, au IIIe siècle avant Jésus-Christ. Il est l'auteur d'Idylles, c'est-à-dire de petits poèmes d'un art achevé ;

mère, Sophocle, Théocrite, parfois des historiens. Un de mes anciens camarades et de mes chers amis, M. Poret, faisait les mêmes lectures, dont nous conférions ensemble, dans nos longues promenades au bois de Vincennes (1).

Son enseignement était sa vie, car il ne quittait sa solitude que pour aller donner ses leçons.

« L'enseignement me servit beaucoup. La terrible épreuve du collège avait changé mon caractère, m'avait comme serré et fermé, rendu timide et défiant. Marié jeune et vivant dans une grande solitude, je désirais de moins en moins la société des hommes. Celle que je trouvai dans mes élèves rouvrit mon cœur et le dilata. Ces jeunes générations, aimables et confiantes, qui croyaient en moi, me réconcilièrent à l'humanité. J'étais touché, attristé souvent aussi, de les voir se succéder devant moi si rapidement. A peine m'attachais-je, que déjà ils s'éloignaient. Les voilà tous dispersés, et plusieurs (si jeunes !) sont morts. Peu m'ont oublié ; pour moi, vivants ou morts, je ne les oublierai jamais (2). »

« L'enseignement, dit-il encore, pour moi fut l'amitié. »

Enfermé dans ses devoirs professionnels, il ne

(1) *Le Peuple.*
(2) *Le Peuple.*

songeait pas alors à écrire. Au sortir du collège, sur la foi de ses succès, les libraires lui avaient fait des propositions. « Je ne voulus point vivre de ma plume, dit-il. Je pensai dès lors, comme Rousseau, que la littérature doit être la chose réservée, le beau luxe de la vie, la fleur extérieure de l'âme. » Mais, à son insu, il se préparait dès lors à devenir un écrivain en amassant chaque jour, par un travail continu, un riche trésor de connaissances variées où il allait puiser, plus tard, sans jamais l'épuiser.

L'enseignement l'achemina tout naturellement vers la littérature. Il débuta en 1827 par deux ouvrages, le ***Précis de l'histoire moderne*** et les ***Principes de la philosophie de l'histoire traduits de la Science nouvelle de Vico.***

A partir de cette époque, l'histoire de la vie de Michelet est celle de ses livres, où il résume son enseignement, ses travaux, ses idées, où il s'est mis lui-même tout entier, esprit et cœur.

Quoique vivant dans une profonde solitude, Michelet ne pouvait pas ne pas subir l'influence du grand mouvement intellectuel qui se déroulait autour de lui. La renaissance morale, commencée à la chute de l'Empire, était alors dans sa riche floraison. Poètes, romanciers, philosophes, historiens, peintres, musiciens, sculpteurs produisaient à l'envi des œuvres animés d'un esprit jeune et nouveau. C'était un rajeunissement imprévu de notre littérature nationale, que trois siècles de production glorieuse semblaient avoir épuisée. L'histoire, comme toutes les branches de la science et de l'art, participait à cette universelle rénovation. MM. Guizot, Augustin Thierry, de Barante, Mignet, Thiers commençaient leurs grands travaux historiques, qui sont restés une des gloires les plus solides de la littérature française du XIXe siècle. Sans appartenir proprement à aucune école, avec une profonde et distincte originalité, Michelet se rattache, par la date de ses débuts, à ce noble groupe des historiens de la Restauration.

Le *Précis d'Histoire moderne*, livre de prétentions modestes, destiné aux écoliers qui apprennent l'histoire et aux gens du monde qui ont besoin de la rapprendre, fonda la réputation du jeune professeur. C'est un chef-d'œuvre, en effet, que ce petit livre d'une érudition profonde mais cachée, d'une simplicité lumineuse, d'une éloquence entraînante, qui raconte, explique, peint, abrège l'histoire de l'Europe depuis le milieu du XVe siècle jusqu'à la Révolution française. La trame en est si serrée qu'il est difficile d'en isoler un passage : aussi bien est-il aujourd'hui dans toutes les mains. Voici cependant un portrait qui peut nous donner une idée de l'art avec lequel Michelet sait nous faire *voir* les hommes qui ne sont plus. C'est celui du roi Frédéric II de Prusse qui, au XVIIIe siècle, a su élever son petit royaume au-dessus de tous les États de l'Europe.

« Le jeune Frédéric (1) était petit, avec de grosses épaules, un gros œil dur et perçant, quelque chose de bizarre. C'était un bel esprit, un musicien, un philosophe avec des goûts immoraux et ridicules ; grand faiseur de petits vers français, il ne savait pas le latin, et méprisait l'allemand ; pur logicien, qui ne pouvait saisir ni la beauté de l'art antique, ni la profondeur de la science moderne. Il avait pourtant une chose par quoi il a mérité d'être appelé le Grand : *il voulait*. Il voulut être brave ; il voulut faire de sa Prusse l'un des premiers États de l'Europe ; il voulut être législateur ; il voulut que ses déserts de Prusse se peuplassent (2). Il vint à bout de tout. Il fut l'un des fondateurs de l'art militaire entre Turenne (3) et Napoléon (4). Quand celui-ci entra à Ber-

(1) Frédéric II le Grand, roi de Prusse de 1740 à 1786. La Prusse était devenue un royaume en 1701.

(2) Frédéric le Grand, continuant l'œuvre de ses prédécesseurs, le grand Électeur Frédéric-Guillaume I, les rois Frédéric I et Frédéric-Guillaume I, a, dans son règne de quarante-six ans, introduit de nombreux colons sur les terres de la monarchie prussienne. Voir sur ce point E. Lavisse. *Etudes sur l'histoire de Prusse*.

(3) Henri de la Tour d'Auvergne vicomte de Turenne, deuxième fils de Henri duc de Bouillon, né à Sedan en 1611, maréchal de France en 1643, tué à Salzbach le 27 juillet 1675.

(4) Napoléon Bonaparte, né à Ajaccio le 15 août 1769, empereur des Français en 1804, mort à Sainte-Hélène en 1821.

lin, il ne voulut voir que le tombeau de Frédéric, prit pour lui son épée, et dit :

« Ceci est à moi (1). »

Michelet a toujours attribué une grande part à Vico dans la formation de ses idées sur l'histoire. Je n'eus d'autre maître, dit-il, que Vico. Vico était un savant napolitain du siècle dernier. Pendant quarante ans, il enseigna la rhétorique à l'Université de Naples. Il vécut pauvre. Son grand ouvrage, *la Science nouvelle*, qui parut à Naples en 1725, fut ignoré de ses contemporains. La vaste érudition de Vico et surtout l'idée simple et hardie dans laquelle il résumait l'histoire de l'humanité séduisirent, enthousiasmèrent Michelet. D'après Vico, l'humanité, dans son développement, traverse trois âges :

L'âge divin, dans lequel l'homme encore enfant fait des dieux de tout ce qu'il voit ;

L'âge héroïque, où règne la force, où dominent quelques héros ;

L'âge humain, où se développent les lois, l'industrie, le commerce, l'art, la science.

Parvenue au terme de ce dernier âge, l'humanité revient à son point de départ. Sa marche nous

(1) *Précis d'Histoire moderne.* Paris, Hachette, 1842.

apparaît donc comme une suite infinie de tours et de retours (*corsi et ricorsi*), de commencements et de recommencements. L'humanité s'agite dans un cercle immuable. La science nouvelle dont Vico bâtissait ainsi l'édifice et qui a pour objet de trouver et d'établir les lois qui régissent la marche de l'humanité, s'appelle la *philosophie de l'histoire*. C'est une science qui enivre l'esprit, qui enchante l'imagination, mais qui ne peut donner de résultats satisfaisants qu'à condition d'être appuyée sur une connaissance détaillée, approfondie de l'histoire particulière de tous les peuples. Il faut connaître l'histoire avant d'en faire la philosophie. Or, Vico, malgré toute sa science, ne connaissait que très incomplètement l'histoire. Aujourd'hui même, après l'immense labeur historique de notre siècle en France, en Allemagne, en Angleterre, malgré tant de découvertes accumulées, une tentative semblable est une entreprise incertaine et conjecturale.

L'Histoire Romaine est le premier grand ouvrage historique de Michelet. Commencée en 1828, elle parut en 1831, du moins la première partie qui renferme l'histoire de la république. Plusieurs motifs sollicitaient Michelet à entreprendre cette œuvre difficile. Ses premières études s'étaient tournées presque exclusivement vers l'antiquité. Virgile avait été son premier maître, avant Vico, et aussi le consolateur de sa jeunesse souffrante. L'harmonie royale du latin le ravissait. D'autre part, les travaux d'un savant allemand (Danois d'origine), Niebuhr (1), venaient de jeter une lumière nouvelle sur les obscures origines de Rome. Enfin, dès ce temps-là, Michelet songeait à écrire un jour l'Histoire de France. Or vous savez quelle profonde influence la conquête de la Gaule par les Romains a exercée sur notre pays. Nous sommes des Romains autant que des Gaulois. L'Histoire romaine est la préface nécessaire de l'Histoire de France.

Michelet fit un voyage et un séjour de quelques mois en Italie pour réunir les matériaux de son œuvre, et pour voir, de ses yeux, le théâtre des événements qu'il allait raconter. Le ciel brumeux ou serein, le climat brûlant, ou glacé, ou tempéré, le sol plat ou montagneux, aride ou fécond, gracieux ou riant d'une contrée, marquent d'une empreinte profonde le corps et l'âme des hommes qui l'habitent, surtout à l'origine. Décrire un pays, c'est expliquer en partie et d'avance son histoire.

C'est ce que comprit Michelet, et c'est pourquoi,

(1) 1776-1831. La publication de son *Histoire Romaine* commença en 1811.

au début de son livre, il a tracé un si large et si poétique tableau de l'Italie. Bien des voyageurs, depuis Montaigne (1) jusqu'à Chateaubriand (2), ont décrit avant lui l'aspect désolé de la campagne romaine, l'impression funèbre et tragique que laisse la Ville Eternelle. La description de Michelet égale, si elle ne les surpasse pas, les pages les plus fameuses de ses devanciers.

« Quoique Rome soit toujours une grande ville, dit-il, le désert commence dans son enceinte même. Les renards qui se cachent dans les ruines du Palatin (3) vont boire la nuit au Vélabre (4). Les troupeaux de chèvres, les grands bœufs, les chevaux à demi sauvages que vous y rencontrez, au milieu même du bruit et du luxe d'une capitale moderne, vous rappellent la solitude qui environne la ville. Si vous passez les portes, si vous vous

(1) Montaigne (1533-1592), le célèbre auteur des *Essais*, voyageait en Italie en 1580 et 1581.

(2) Chateaubriand (1768-1848) a été le plus grand écrivain français du commencement du XIXe siècle; il fut ambassadeur à Rome en 1828.

(3) Le Palatin est une des sept collines de Rome. C'est là que Romulus et ses compagnons fondèrent, vers 753 avant Jésus-Christ, la Rome Carrée (Roma quadrata), dont des fouilles récentes ont mis au jour les vestiges. Voir G. Boissier, *Promenades archéologiques*.

(4) Le Vélabre, quartier de l'ancienne Rome, entre les monts Capitolin et Palatin, allant de la rive gauche du Tibre au Forum.

acheminez vers un des sommets bleuâtres qui couronnent ce paysage mélancolique, si vous suivez à travers les marais Pontins (1) l'indestructible voie Appienne (2), vous trouverez des tombeaux, des *aqueducs*, *peut-être encore* quelque ferme abandonnée avec des arcades monumentales ; mais plus de culture, plus de *mouvement*, plus de vie. De loin en loin, un troupeau sous la garde d'un chien féroce qui s'élance sur le passant comme un loup, ou bien encore un buffle sortant du marais sa tête noire, tandis qu'à l'orient des volées de corneilles s'abattent des montagnes avec un cri rauque. Si l'on se détourne vers Ostie (3), vers Ardée (4), l'on verra quelques malheureux en haillons, hideux de maigreur et tremblants de fièvre...

(1) Les marais Pontins s'étendent au sud de Rome, à une certaine distance du littoral, sur une longueur de 40 kilomètres. Ils nourrissent de nombreux troupeaux de buffles, mais l'air pestilentiel (*malaria*) les rend inhabitables.

(2) La voie Appienne allait de Rome à Capoue, en traversant les marais Pontins et en serrant de près le littoral de Terracine à Sinuesse ; elle se prolongeait de Capoue à Brindes sur l'Adriatique, en passant par Bénévent, Venouse et Tarente. Elle fut commencée en 312 par le censeur Appius Claudius.

(3) Ostie, bourg d'Italie, à l'embouchure du Tibre et à 19 kilomètres sud-ouest de Rome. Evêché. Jadis importante sous le nom d'Ostia, port de Rome, agrandi par les empereurs Claude et Trajan, maintenant ruiné. (Grégoire, *Dictionnaire classique d'histoire, de biographie et de mythologie*, chez Garnier.)

(4) Ardée, ancienne ville des Rutules, dans le Latium, à 30 kilomètres sud-est de Rome. (Grégoire.)

« Au milieu de cette misère et de cette désolation, la contrée conserve un caractère singulièrement imposant et grandiose. Ces lacs sur des montagnes, encadrés de beaux hêtres, de chênes superbes ; ce Nemi (1), le miroir de la Diane taurique (2) ; cet Albano (3), le siège antique des religions du Latium ; ces hauteurs, dont la plaine est partout dominée, font une couronne digne de Rome. C'est du monte Musino, c'est de son bois obscur qu'il faut contempler ce tableau du Poussin (4). Dans les jours d'orages surtout, lorsque le lourd sirocco pèse sur la plaine (5), et que la poussière commence à tourbillonner, alors apparaît, dans sa majesté sombre, la capitale du désert (6). »

Dans ce cadre vivant, Michelet a replacé les habitants primitifs du sol, ces antiques tribus de laboureurs et de pasteurs, qui, plus tard, ont quitté la charrue et le soin de leurs troupeaux, pour con-

(1) Nemi, lac à 26 kilomètres sud-est de Rome, occupant le fond d'un cratère.

(2) La Chersonèse Taurique, aujourd'hui la Crimée. On immolait des victimes humaines à la Diane taurique.

(3) Le mont Albano, dans le Latium, à 25 kilomètres au sud de Rome, où s'élevait le temple de Jupiter Latialis.

(4) Nicolas Poussin (1593-1665), grand peintre français, né aux Andelys, passa une grande partie de sa vie à Rome.

(5) Sirocco, vent brûlant du sud-est, sur les côtes de la Méditerranée.

(6) *Histoire Romaine*. Introduction, ch. I. Edit. Chamerot et Lauweyrens.

quérir le monde. C'est dans ces races dures au travail, invincibles à la peine, que réside le secret de la grandeur de Rome.

« Ce n'est pas assez, dit-il, de caractériser les tribus par leur religion ; il faut les suivre dans leurs travaux agricoles, et recueillir ce qui nous reste des vieilles maximes de la sagesse italique. Les Romains nous en ont conservées beaucoup ; et quoique rapportées dans des écrivains relativement assez modernes, je les crois d'une haute antiquité, puisqu'elles doivent dater au moins de l'époque où la terre était encore cultivée par des mains libres. A coup sûr, elles n'appartiennent point aux esclaves qui, plus tard, venaient des pays lointains cultiver le sol de l'Italie, et y mourir en silence.

« Ces vieilles maximes, simples et graves comme toutes celles qui résument le sens pratique des peuples, n'ont point de caractère poétique. Elles affectent plutôt la forme législative.

« Mauvais agriculteur, celui qui achète ce que peut lui donner la terre.

« Mauvais économe, celui qui fait de jour ce qu'il peut faire de nuit. Pire encore, celui qui fait au jour du travail ce qu'il devait faire dans les jours de repos et de fêtes. Le pire de tous qui, par un temps serein, travaille sous son toit plutôt qu'aux champs.

« ... Nous ferons mieux connaître, plus tard, en parlant du livre de Caton (1) sur l'agriculture, toute la

(1) Marcus Porcius Caton, surnommé l'Ancien ou le Cen-

rudesse du vieux génie latin. C'était un peuple patient et tenace, rangé et régulier, avare et avide. Supposé qu'un tel peuple devienne belliqueux, ces habitudes d'avarice et d'avidité se changeront en esprit de conquête. Tel a été au moyen âge le caractère des Normands (1), de ce peuple agriculteur, chicaneur et conquérant, qui, comme ils l'avouent dans leurs chroniques, voulaient toujours *gaigner*, et qui ont gagné, en effet, l'Angleterre et les Deux-Siciles. Rien n'est plus semblable au génie romain.

« Celui des pasteurs Sabelliens (2), plus rude et plus barbare encore, leur vie errante pendant la plus grande partie de l'année, les conduisaient, plus immédiatement que les habitudes des tribus agricoles, au brigandage et à la conquête. Obligés de mener leurs troupeaux et de suivre l'herbe, à chaque saison, des forêts aux plaines

seur, né à Tusculum (232-147 avant J.-C.), auteur de nombreux ouvrages, entre autres d'un traité sur l'agriculture. Voir sa vie dans Plutarque, et son portrait, d'après Plutarque, dans Michelet, *Histoire Romaine*, livre II, chapitre VI.

(1) Les Normands ou Northmans (hommes du Nord) sont des pirate sortis du Danemark et de la Scandinavie. En 912, un de leurs chefs, Rollon, a fondé le duché de Normandie. Des aventuriers normands firent, au XIe siècle, la conquête de l'Italie méridionale, puis de la Sicile, sur les Grecs, les Lombards et les Arabes, et fondèrent au XIIe siècle le royaume des Deux-Siciles. Guillaume le Conquérant, duc de Normandie, fit en 1066 la conquête de l'Angleterre.

(2) Les Sabelliens, peuples primitifs de l'Italie centrale, qui habitaient les deux versants de l'Apennin. Leurs différentes tribus étaient les Samnites, les Marses, les Péligniens, les Hirpins.

et des vallées aux montagnes, ils laissaient les vieillards et les enfants, incapables de ces longs voyages, sur les sommets inaccessibles de l'Apennin. Leurs bourgades, comme celles des Epirotes (1), étaient toutes sur des hauteurs. Caton place le berceau de leur race vers Amiternum (2), au plus haut des Abruzzes (3), où la neige ne disparaît jamais du Mogella. Mais ils s'étendaient de là sur toutes les chaînes centrales du midi de l'Italie (4). »

En face de ces laboureurs et de ces bergers qui sont devenus des soldats, Michelet dresse les Carthaginois navigateurs et marchands qui achètent des soldats pour faire la guerre à leur place. La lutte de Rome et de Carthage (5) est le nœud de l'histoire des guerres de la République romaine. Carthage vaincue, tous les pays riverains de la Méditerranée (alors le centre de la civilisation antique) devenaient une proie pour Rome.

(1) Les Epirotes, habitants de l'Epire, pays montagneux et sauvage de l'ancienne Grèce : aujourd'hui c'est la partie méridionale de l'Albanie.

(2) Amiternum, ancienne ville de la Sabine, au nord-est de Rome.

(3) Les Abruzzes, plateau montagneux, renfermant des bois et des pâturages, dans l'Italie centrale.

(4) *Histoire Romaine.*

(5) Carthage, située au fond du golfe de Tunis, ne présente plus aujourd'hui que quelques ruines aux environs de Tunis.

Pour faire connaître Carthage, Michelet retrace d'abord la physionomie de la Phénicie, d'où les Carthaginois sont venus s'établir en Afrique.

« Sur l'étroite plage que dominaient les cèdres du Liban (1), fourmillait un peuple innombrable, entassé dans les îles et d'étroites cités maritimes. Sur le rocher d'Arad (2), pour ne citer qu'un exemple, les maisons avaient plus d'étages qu'à Rome même. Cette race impure, fuyant devant l'épée de Sésostris (3), ou le couteau exterminateur des Juifs, s'était trouvée acculée à la mer et l'avait prise pour patrie... Là (en Phénicie), les générations pullulaient sans famille certaine, chacun ignorant qui était son père, naissant, multipliant au hasard, comme les insectes et les reptiles, dont, après les pluies d'orages, grouillent leurs rivages brûlants. Ils se disaient eux-mêmes nés du limon......

« Les Carthaginois, comme les Phéniciens d'où ils sortaient, paraissent avoir été un peuple dur et triste, sen-

(1) Liban, chaîne de montagnes dirigée du nord au sud, le long de la côte de Syrie. Le sommet culminant a 3,100 mètres de hauteur.

(2) Arad, ancienne ville phénicienne, colonie de Sidon, bâtie sur un rocher maritime.

(3) Sésostris, roi de l'ancienne Egypte, d'après les écrivains grecs. Ceux-ci ont attribué à ce monarque légendaire les actions de plusieurs rois de la 18e et de la 19e dynastie, surtout de Ramsès II Meiamoun, qui firent des expéditions en Syrie et dans la vallée du Tigre et de l'Euphrate.

suel et cupide, aventureux sans héroïsme. A Carthage aussi, la religion était atroce et chargée de pratiques effrayantes. Dans les calamités publiques, les murs de la ville étaient tendus de drap noir. Lorsque Agathocle (1) assiégea Carthage, la statue de Baal (2), toute rouge du feu intérieur qu'on y allumait, reçut dans ses bras jusqu'à deux cents enfants, et trois cents personnes se précipitèrent encore dans les flammes. C'est en vain que Gélon (3), vainqueur, leur avait défendu d'immoler des victimes humaines ...

« Carthage représentait sa métropole, mais sous d'immenses proportions. Placée au centre de la Méditerranée, dominant les rivages de l'Occident, opprimant sa sœur Utique (4) et toutes les colonies phéniciennes de l'Afrique, elle mêla la conquête au commerce, s'établit partout à main armée, fondant des comptoirs malgré les indigènes, leur imposant des droits et des douanes, les forçant tantôt d'acheter et tantôt de vendre...

(1) Agathocle (361-289 avant Jésus-Christ), Grec, tyran de Syracuse, assiégé par les Carthaginois, transporta la guerre en Afrique, mais fut obligé de revenir en Sicile après avoir mis Carthage à deux doigts de sa perte.

(2) Baal ou Bel, dieu de Babylone et de la Phénicie. C'est la personnification du soleil qui produit, conserve et détruit.

(3) Gélon, tyran grec de Géla et de Syracuse, vivait au Ve siècle avant Jésus-Christ, remporta sur Hamilcar et les Carthaginois la grande victoire d'Himère (480 avant Jésus-Christ).

(4) Utique, au nord-ouest de Carthage, dans la Tunisie actuelle, proche l'embouchure du Bagradas (aujourd'hui Medjerda).

« Le vaste empire commercial des Carthaginois, répandu sur toutes les côtes de l'Afrique, de Sicile, de la Sardaigne et de la Corse, de la Gaule, de l'Espagne, et jusque sur les rivages du grand Océan, ne peut se comparer aux possessions compactes des Anglais et des Espagnols en Amérique, mais plutôt à cette chaîne de forts et de comptoirs qui constituaient l'empire Portugais et Hollandais dans les Indes orientales.....

« Cette domination violente s'appuyait sur deux bases *ruineuses : une marine qu'à cette époque de l'art les* autres nations pouvaient facilement égaler, et des armées mercenaires aussi exigeantes que peu fidèles...

« La vie d'un marchand industrieux, d'un Carthaginois, avait trop de prix pour la risquer, lorsqu'il pouvait se substituer avec avantage un Grec indigent, ou un barbare Espagnol ou Gaulois. Carthage savait, à une drachme près, à combien revenait la vie d'un homme de telle nation. Un Grec valait plus qu'un Campanien, celui-ci plus qu'un Gaulois ou un Espagnol. Ce tarif du sang *bien connu, Carthage commençait une guerre comme* une spéculation mercantile. Elle entreprenait des conquêtes, soit dans l'espoir de trouver de nouvelles mines à exploiter, soit pour ouvrir des débouchés à ses marchandises. Elle pouvait dépenser cinquante mille mercenaires dans telle entreprise, davantage dans telle autre. Si les rentrées étaient bonnes, on ne regrettait point la mise de fonds; on rachetait des hommes, et tout allait bien (1). »

(1) *Histoire Romaine.*

La défaite de Carthage conduisit Rome à entreprendre la conquête du monde, celle de l'Occident barbare, de l'Orient grec et asiatique. Ces conquêtes, qui étendirent *l'Empire du peuple romain* sur une partie de l'Europe, de l'Asie et de l'Afrique, qui firent affluer dans Rome les richesses et les dépouilles des vaincus, causèrent aussi de profonds changements dans la religion, dans les mœurs, dans l'organisation de la société et de l'État : elles aboutirent à la dissolution de la cité. Le principal rôle dans l'État, à partir de la fin du second siècle avant l'ère chrétienne, appartient aux armées et aux chefs d'armées. Lorsque le plus habile, le plus glorieux, le plus audacieux d'entre eux, César, eut triomphé de son rival Pompée, le monde romain était devenu la propriété d'un seul homme. Le triomphe de César, l'an 46 avant J.-C., marque, en réalité, la fin de la République et le commencement de l'Empire.

« Ce fut un spectacle merveilleux et terrible à la fois que le triomphe (1) de César. Il triompha pour les Gaules,

(1) Le triomphe décerné par un sénatus-consulte était une cérémonie religieuse consistant essentiellement en un sacrifice de taureaux blancs offert au Capitole par le général victorieux à Jupiter très bon et très grand. Pour se rendre au Capitole, le triomphateur traversait Rome suivi de son armée et monté sur un char semblable à celui qui portait les statues des grands dieux dans leurs sorties solennelles.

pour l'Égypte, pour le Pont (1) et pour l'Afrique ; on ne parla pas de Pharsale (2). Derrière le char marchaient en même temps les déplorables représentants de l'Orient et de l'Occident : le Vercingétorix (3) gaulois, la sœur de Cléopâtre (4), Arsinoé, et le fils du roi Juba (5). Autour, selon l'usage, les soldats, hardis compagnons du triomphateur, lui chantaient de tout leur cœur des vers outrageants pour lui.

Fais bien, tu seras battu ; fais mal, tu seras roi !

« César ne haïssait pas ces grossières dérisions de la victoire. Elles rompaient l'ennuyeuse uniformité de l'adulation et le délassaient de sa divinité.

« D'abord, il distribua aux citoyens du blé et trois cents sesterces (6) par tête ; vingt mille sesterces à chaque soldat. Ensuite il les traita tous, soldats et peuple, sur vingt-trois mille tables de trois lits chacune ; on sait que chaque lit recevait plusieurs convives.

(1) Le Pont, royaume au nord de l'Asie-Mineure, sur le Pont-Euxin ou mer Noire ; Mithridate fut roi du *Pont.*

(2) Pharsale, ville de la Thessalie, où César vainquit Pompée en 48 avant Jésus-Christ.

(3) Vercingétorix, chef arverne, le héros de la guerre de l'indépendance gauloise, s'était rendu prisonnier à Alésia en 53 avant J.-C.

(4) Cléopâtre, reine d'Egypte.

(5) Juba, roi de Numidie (partie de la Tunisie et de l'Algérie actuelles), avait embrassé la cause de Pompée. Il fut battu par César à Thapsus (46 avant J.-C.) et se donna la mort.

(6) Monnaie d'argent dont se servaient les Romains : on l'évalue à 0 fr. 20 centimes de notre monnaie actuelle.

« Et quand la multitude fut rassasiée de vin et de viande, on la soûla de spectacles et de combats. Combats de gladiateurs et de captifs combats à pied et à cheval, combats d'éléphants, combat naval dans le Champ-de-Mars transformé en lac. Cette fête de la guerre fut sanglante comme une guerre. On dédommagea Rome de n'avoir pas vu les massacres de Thapsus et de Pharsale. Une joie frénétique saisit le peuple. Les chevaliers descendirent dans l'arène et combattirent en gladiateurs ; le fils d'un préteur se fit mirmillon (1).

« Un sénateur voulait combattre, si César le lui eût permis. Il fallait laisser quelque chose à faire aux temps de Domitien et de Commode.

« Par-dessus les massacres de l'amphithéâtre flottait pour la première fois l'immense *velarium* aux mille couleurs, vaste et ondoyant comme le peuple qu'il défendait du soleil. Ce *velarium* était de soie, de ce précieux tissu dont une livre se donnait pour une livre pesant d'or.

« Le soir, César traversa Rome entre quarante éléphants qui portaient des lustres étincelants de cristal de roche. Il assista aux fêtes, aux farces du théâtre. Il força le vieux Labérius, chevalier romain, de se faire mime, et de jouer lui-même ses pièces : « Hélas ! s'écriait dans le prologue le pauvre vieillard obligé d'amuser le peuple, où la nécessité m'a-t-elle poussé, presque à mon dernier jour ? Après soixante ans d'une vie honorable, sorti chevalier de

(1) Mirmillon, terme d'antiquité romaine, qui désignait une sorte de gladiateur.

ma maison, j'y rentrerai mime. Ah! j'ai vécu trop d'un jour!... » César n'avait voulu que l'avilir; il lui refusa le prix. Labérius ne fut pas même le premier des mimes.

« Il était bien hardi, en effet, de réclamer seul au milieu de ces grandes saturnales, de ce nivellement universel qui commence avec l'Empire; il s'agit bien de l'honneur d'un chevalier dans ce bouleversement du monde.

« Tout n'est-il pas transformé? Les siècles antiques ne sont-ils pas finis? Le temps, le ciel n'a-t-il pas changé par édit de César? L'immuable *pœmorium* (1) de Rome a reculé; les climats sont vaincus, la nature asservie; la girafe africaine se promène dans Rome sous une forêt mobile, avec l'éléphant indien; les vaisseaux combattent sur terre.

« Qui osera contredire celui à qui la nature et l'humanité n'ont refusé rien, celui qui n'a jamais lui-même rien refusé à personne, ni sa puissante amitié, ni son argent, pas même son honneur? Sans le large front chauve et l'*œil de faucon*, reconnaîtriez-vous le vainqueur des Gaules (ce triomphateur) en pantoufles, couronné de toutes sortes de fleurs? Venez donc tous de bonne grâce chanter, déclamer, combattre, mourir, dans cette bacchanale du genre humain qui tourbillonne autour de la tête fardée du fondateur de l'Empire.

« La vie, la mort, c'est tout un : le gladiateur a de quoi se consoler en regardant les spectateurs. Déjà le Vercin-

(1) Enceinte sacrée de Rome tracée selon les rites religieux.

gétorix des Gaules a été étranglé ce soir après le triomphe; combien d'autres vont tantôt mourir parmi ceux qui sont ici? Ne voyez pas près de César la gracieuse vipère du Nil (1), traînant dédaigneusement après elle son époux de dix ans, qu'elle doit aussi faire périr; c'est son Vercingétorix, à elle. De l'autre côté du dictateur apercevez-vous la figure hâve de Cassius (2), le crâne étroit de Brutus: tous deux si pâles dans leurs robes blanches bordées d'un rouge de sang (3)? »

Cette histoire ancienne, si éloignée de nous, si différente de nos idées et de nos mœurs, a pris, grâce à la science et à l'art de Michelet, l'intérêt de l'histoire contemporaine. Une œuvre si bien commencée ne fut pas achevée : Michelet laissa de côté l'histoire de l'Empire romain, qui devait former la seconde partie de son ouvrage. L'Histoire de France l'attirait d'un attrait invincible ; il n'y put résister, et se donna à elle pour le reste de ses jours.

(1) La reine d'Égypte, Cléopâtre.

(2) Cassius et Brutus devaient être les assassins de César tué au milieu du Sénat (15 mars de l'an 44 av. J.-C.)

(3) *Histoire Romaine*, livre III, chapitre v.

CHAPITRE III.

L'HISTOIRE DE FRANCE. — LA MÉTHODE. — LA SCIENCE ET L'IMAGINATION.

L'*Histoire de France* est l'œuvre la plus considérable de Michelet, le monument le plus solide et le plus durable de sa gloire. Elle a occupé près de quarante années de sa vie si laborieuse. Commencée en 1830, elle n'a été achevée qu'en 1867 ; et encore, après les désastres de la guerre de 1870-1871 qui l'atteignirent d'un coup irrémédiable, Michelet employa ce qui lui restait de forces à écrire une *Histoire du* XIXe *siècle* qu'il conduisit jusqu'à la chute de Napoléon (1815).

En laissant de côté cet appendice, l'*Histoire de France* compte vingt-quatre volumes embrassant le vaste espace qui s'étend des origines à la fin de la Révolution. Mais Michelet, en composant son œuvre, ne s'est pas astreint à suivre l'ordre des temps. De 1833 à 1843 ont paru les six premiers volumes, qui vont de l'époque gauloise à la fin du règne de Louis XI (1483). Là, Michelet, interrompant l'histoire de la monarchie, pensa que, pour la mieux comprendre et la mieux juger, il fallait connaître la Révolution qui en est la conclusion et le dénouement, et de 1847 à 1853, il écrivit l'*Histoire de la Révolution.* En 1855, il revint à la partie interrompue de l'édifice, qui fut entièrement terminé en 1867.

Lorsqu'il commença à écrire son histoire, au lendemain de la Révolution de juillet 1830, Michelet ne prévoyait pas les dimensions que son ouvrage prendrait : il croyait faire seulement un abrégé de quelques volumes. Une ardeur extraordinaire l'enflammait, supprimait pour lui tous les obstacles. Confiné dans sa solitude féconde, proche le cimetière du Père-Lachaise, levé dès quatre heures du matin, il n'interrompait son travail que pour courir à ses leçons. Et son enseignement était encore son livre.

En 1827, le succès de son *Précis* lui avait valu la nomination de maître de conférences d'histoire et de philosophie à l'Ecole Normale Supérieure, où il préparait des jeunes gens laborieux et distingués à enseigner eux-mêmes dans les lycées et les collèges. Il y resta jusqu'en 1838. De 1833 à 1836 il suppléa M. Guizot (1) dans la chaire

(1) François Guizot, né à Nîmes en 1787, mort en 1874, professeur, historien et homme politique. Parmi ses princi-

d'histoire de la Faculté des Lettres de Paris. Enfin en 1838 il reçut la distinction la plus enviée par un professeur : il fut désigné pour la chaire d'Histoire et de Morale du Collège de France par l'Institut et par les professeurs du Collège.

L'*Histoire de France* est donc la vie même de Michelet. Lui-même a dit éloquemment quels liens l'attachaient à son œuvre, comme un père, ou mieux, comme une mère à son enfant, lorsque longtemps après, en 1870, vieux déjà, après bien des traverses et des vicissitudes, il eut la joie et la tristesse à la fois de la contempler dans son plein achèvement.

« J'ai pris, dit-il, l'histoire pour la vie. La voici écoulée. Je ne regrette rien. Je ne demande rien. Eh! que demanderais-je, chère France avec qui j'ai vécu, que je quitte à si grand regret ! Dans quelle communauté j'ai passé avec toi quarante années (dix siècles) ! que d'heures passionnées, nobles, austères, nous eûmes ensemble, souvent, l'hiver même avant l'aube ! Que de jours

paux ouvrages historiques il faut citer les *Essais sur l'Histoire de France*, l'*Histoire de la Civilisation en Europe*, l'*Histoire de la Civilisation en France*, l'*Histoire de la Révolution d'Angleterre*, les *Mémoires pour servir à l'Histoire de mon temps*. M. Guizot est avec Michelet, Augustin Thierry, Mignet et Thiers, un des grands historiens français de ce siècle.

de labeur et d'étude au fond des Archives ! Je travaillais pour toi, j'allais, venais, cherchais, écrivais. Je donnais chaque jour de moi-même tout, peut-être encore plus. Le lendemain matin, te trouvant à ma table, je me croyais le même, fort de ta vie puissante et de ta jeunesse éternelle (1). »

Conçue, exécutée dans de pareilles conditions, l'Histoire de France de Michelet est marquée d'un signe unique entre toutes les œuvres historiques de ce temps. Elle ne ressemble qu'à elle-même. Loin d'être absent de son œuvre ou de s'effacer derrière elle, l'auteur apparaît, intervient constamment. Sa puissante personnalité est toujours présente ; il nous instruit, nous secoue, nous émeut, nous enchante, nous entraîne où il veut. Une fois sous la prise de son regard et à la portée de sa voix, on ne saurait lui échapper. Il y a en lui du magicien et de l'enchanteur.

Quelles sont donc les qualités qui font de Michelet un historien si absolument original, si émouvant, si séduisant ? C'est ce qu'il nous importe de savoir avant de parcourir ensemble les plus beaux passages de l'Histoire de France.

---

(1) *Histoire de France*, édition A. Lacroix et Cie, 1876. Préface de 1869. Toutes nos citations de l'*Histoire de France* et de la *Révolution* sont empruntées à la même édition.

L'histoire est le récit des événements passés qui se sont accomplis dans l'humanité. L'auteur de ce récit, l'historien, est, au sens étymologique du mot, un témoin. Témoin de quoi? Des événements. Mais ces événements sont passés, souvent sans laisser de traces de leur passage, ou bien ces traces sont éparses dans de vieux livres, dans des lettres, dans des actes privés ou publics, dans les inscriptions gravées sur le bronze ou sur la pierre. La première tâche de l'historien est donc de retrouver ces traces des événements passés. Tâche pénible et délicate, car non seulement il est long et difficile de réunir les documents qui renferment les traces des hommes et des choses disparus (livres, manuscrits, inscriptions, etc.) ; mais, après les avoir réunis, encore faut-il s'assurer de leur authenticité, découvrir leur provenance, déterminer la part de vérité qu'ils renferment. Tout cela est l'œuvre du savant. Avant tout, l'historien doit être un savant.

Michelet n'a pas failli à ce premier devoir de l'historien. Déjà son Histoire Romaine témoignait d'une profonde connaissance de l'antiquité. Pour écrire l'Histoire de France, il ne se contenta pas des grandes collections imprimées où les Religieux Bénédictins et les savants de l'Académie des Inscriptions et Belles-Lettres avaient réuni, aux deux derniers siècles, les principaux monuments de notre histoire; il remonta aux sources mêmes, aux documents inédits, inconnus, ensevelis dans les dépôts publics. Dans cette tâche, il fut heureusement servi par les circonstances. Après la Révolution de 1830, il fut nommé chef de la section historique aux Archives Nationales (1831). Il avait là, sous la main, toute l'histoire de France, écrite au jour le jour par les témoins eux-mêmes, « la charte de Childebert à côté du testament de Louis XVI. »

« Pour moi, dit-il, lorsque j'entrai la première fois dans ces catacombes manuscrites, dans cette nécropole des monuments nationaux, j'aurais dit volontiers, comme cet Allemand entrant au monastère de Saint-Vannes (1) : Voici l'habitation que j'ai choisie et mon repos aux siècles des siècles (2). »

Un labeur immense, des recherches infinies, une prodigieuse accumulation de notes et de textes forment ainsi comme les substructions de son œuvre (surtout dans les six volumes de la première partie). C'est avec un légitime orgueil que Michelet a pu écrire dans sa Préface, en parlant de son troisième volume : « C'est la première fois que l'histoire eut une base si sérieuse. »

(1) Saint-Vannes, abbaye de Verdun, ainsi nommée du nom de saint Vanne, qui fut évêque de Verdun de 498 à 525.

(2) *Histoire de France*, tome II. Appendice.

Mais ce n'est pas tout d'avoir consulté les documents, éprouvé leur valeur, réuni les faits: « ce ne sont que des matériaux avec lesquels il s'agit de construire un édifice. » Pour reprendre la définition que nous donnions de l'histoire, après avoir retrouvé des événements passés tout ce qu'on en peut savoir, il faut les raconter, les expliquer, les peindre. Ceci est la tâche de l'artiste, comme la précédente était celle du savant. L'historien complet doit être à la fois un savant et un artiste.

L'artiste chez Michelet était hors de pair. Tel de ses contemporains, et non des moins illustres, comparait l'office de l'historien à celui d'une glace sans tain, d'une parfaite transparence : le récit de l'historien doit reproduire les événements, comme le miroir les objets, tels qu'ils sont dans la réalité, sans diminution ni grossissement. A ce compte, la maîtresse qualité de l'historien serait l'intelligence qui perçoit, critique, juge, groupe et ordonne les faits. Mais l'intelligence de Michelet n'était pas seule en jeu, lorsqu'il s'agissait de raconter les événements passés: à leur contact, sa sensibilité s'émouvait, son imagination s'enflammait, bref un poète vibrait en lui.

En effet, les choses d'autrefois avaient le singulier don d'émouvoir son âme à l'égal des choses d'aujourd'hui. Un personnage disparu n'était pas pour lui un vague fantôme, mais quelqu'un de réel, de présent, qu'il aimait comme un ami ou haïssait comme un ennemi. Les profondes émotions qu'il avait ressenties enfant, devant les monuments français, et, plus tard, dans les Ardennes, en écoutant les récits de sa tante, il les éprouvait en lisant les vieux livres, en maniant les anciens manuscrits. Des voix, à lui seul perceptibles, sortaient de ces feuilles jaunies, comme jadis des tombeaux de Chilpéric ou de Frédégonde.

« Je ne tardai pas, dit-il en parlant de ses premières séances aux archives, à m'apercevoir, dans le silence apparent de ces galeries, qu'il y avait un mouvement, un murmure qui n'était pas de la mort. Ces papiers, ces parchemins laissés là depuis longtemps ne demandaient pas mieux que de revenir au jour. Ces papiers ne sont pas des papiers, mais des vies d'hommes, de provinces, de peuples... Si on eût voulu les écouter tous, comme disait ce fossoyeur au champ de bataille, il n'y en aurait pas un de mort. Tous vivaient et parlaient, ils entouraient l'auteur d'une armée à cent langues (1). »

Peu à peu, ces voix, d'outre-tombe, indistinctes d'abord, s'enflaient, grossissaient ; ces apparitions, vagues, fantastiques, prenaient un corps et une physionomie. Tout le passé revivait dans son imagination.

(1) *Histoire de France*, tome II. Appendice.

Cette imagination offre un caractère tout particulier. Elle ne se borne pas, comme celle de tel grand poète et de tel grand peintre, à reproduire les objets et les êtres, — un homme, un animal, une plante, — avec netteté et relief. Ce qui la touche, plus que les choses extérieures (les formes et les couleurs), ce sont les choses intérieures, les choses de l'âme, idées, sentiments, passions. Ce sont elles surtout qui ont le don de l'émouvoir. Individu ou peuple, Michelet voit toujours des *âmes*. Il a, comme on l'a dit justement, l'imagination, non des yeux, mais du cœur.

En vertu de cette sensibilité et de cette imagination spéciales, Michelet devient plus que le contemporain des hommes et des choses qu'il raconte; *il les ressuscite* en lui.

« Je menai, — dit-il en parlant du temps où il écrivait ses deux premiers volumes, — une vie que le monde aurait pu dire enterrée, n'ayant de société que celle du passé, et pour amis les peuples ensevelis. Refaisant leur légende, je réveillais en eux mille choses évanouies. Certains chants de nourrice dont j'avais le secret étaient d'un effet sûr. A l'accent, ils croyaient que j'étais un des leurs. Le don que saint Louis demande et n'obtient pas, je l'eus : « le don des larmes (1). »

(1) *Histoire de France*, tome I. Appendice.

Ainsi, l'union chez le même écrivain de facultés habituellement séparées, l'esprit scientifique et l'imagination poétique, aboutissent à faire de l'histoire, telle que Michelet la conçoit et la pratique, une *résurrection*. De là, la vie étrange qui s'exhale de son œuvre, la violente secousse qu'elle imprime à notre âme ; de là aussi, les affirmations sans preuves suffisantes, les suppositions hasardeuses, les partis pris, les omissions, les bizarreries, bref tous les défauts qui se sont produits avec l'âge, à mesure que se rompait l'équilibre, nécessairement éphémère, entre la science et l'imagination, et que le poète prenait le dessus sur le savant.

CHAPITRE IV.

L'HISTOIRE DE FRANCE. — LE TABLEAU DE LA FRANCE.

Michelet décrit le sol français avant de raconter l'histoire de France, comme il avait décrit l'Italie avant de raconter l'histoire romaine.

« La race, le peuple qui la continue, dit-il, me paraissaient avoir besoin qu'on mît dessous une bonne forte base, la terre, qui les portât et les nourrît. Sans une base géographique, le peuple, l'acteur historique, semble marcher en l'air comme dans les peintures chinoises où le sol manque. Et notez que ce sol n'est pas seulement le théâtre de l'action. Par la nourriture, le climat, etc., il y influe de cent manières. Tel le nid, tel l'oiseau. Telle la patrie, tel l'homme (1). »

Ce n'est pas au début de son œuvre, comme dans

---

(1) *Histoire de France*, tome I. Préface.

l'Histoire romaine, que Michelet a placé son tableau de la France (1). Il a attendu, pour cela, d'être arrivé vers le milieu du XIXe siècle. Le traité de Verdun de 843 (2) est la date qu'il a choisie pour faire halte et jeter un coup d'œil sur la structure du pays. A cette date, en effet, la France commence d'avoir une existence distincte de celle de l'Allemagne et de l'Italie : la langue française balbutie pour la première fois dans un document de cette époque (3). Auparavant, il n'y avait pas encore de France, mais une Gaule, tour à tour celtique, romaine et germanique.

Suivons Michelet dans sa course à travers le pré-

(1) Le tableau de la France, qui se trouve au tome II de l'*Histoire de France*, a été complété par Madame Michelet avec des fragments recueillis dans toute l'œuvre de Michelet et dans ses papiers encore inédits. Le tout fondu, harmonisé par une main délicate, forme un volume intitulé : *Notre France* (Marpon et Flammarion). Pour lire avec fruit cette description de notre pays, il faut avoir sous les yeux une carte des anciennes provinces françaises. Nous en donnons une en tête de ce chapitre. On peut consulter aussi l'*Introduction à l'Histoire de France de M. V. Duruy* (1 vol. Hachette).

(2) Ce traité conclu entre les trois fils de Louis le Débonnaire, Lothaire d'un côté, Charles le Chauve et Louis le Germanique de l'autre, a divisé l'empire de Charlemagne en trois parts.

(3) Le Serment de Strasbourg, prêté en langue romane par Louis le Germanique et en langue tudesque par Charles le Chauve.

sent et le passé. Et d'abord, jetons un coup d'œil sur l'ensemble de la France, pour la voir se diviser elle-même.

« Montons sur un des points élevés des Vosges, ou, si vous voulez, au Jura. Tournons le dos aux Alpes. Nous distinguerons (pourvu que notre regard puisse percer un horizon de trois cents lieues) une ligne onduleuse, qui s'étend des collines boisées du Luxembourg et des Ardennes aux ballons des Vosges ; de là, par les coteaux vineux de la Bourgogne, aux déchirements volcaniques des Cévennes, et jusqu'au mur prodigieux des Pyrénées. Cette ligne est la séparation des eaux : du côté occidental, la Seine, la Loire et la Garonne descendent à l'Océan ; derrière s'écoule la Meuse au nord, la Saône et le Rhône au midi. Au loin, deux espèces d'îles continentales : la Bretagne, âpre et basse, simple quartz et granit, grand écueil placé au coin de la France pour porter le coup des courants de la Manche ; d'autre part, la verte et rude Auvergne, vaste incendie éteint avec ses quarante volcans.

Les bassins du Rhône et de la Garonne, malgré leur importance, ne sont que secondaires. La vie forte est au nord. Là s'est opéré le grand mouvement des nations.

« En latitude, les zones de la France se marquent aisément par leurs produits. Au nord, les grasses et basses plaines de Belgique et de Flandre avec leurs champs de lin et de colza, et le houblon, la vigne amère du nord. De Reims à la Moselle commence la vraie vigne et le vin ; tout esprit en Champagne, bon et chaud en Bourgogne, il se charge, s'alourdit en Languedoc, pour se réveiller à Bordeaux.

Le mûrier, l'olivier paraissent à Montauban ; mais ces enfants délicats du Midi risquent toujours sous le ciel inégal de la France (1). »

Maintenant, parcourons avec Michelet les différentes provinces qui sont à la fois des divisions géographiques dessinées par les montagnes et les rivières, et des divisions politiques formées par l'histoire. Chaque province est une personne distincte dont Michelet caractérise la physionomie.

C'est par la Bretagne, où subsiste encore la race celtique qui couvrait la Gaule du Rhin à la Garonne avant l'arrivée des Romains, que Michelet commence l'étude des provinces françaises.

« La pauvre et dure Bretagne (2), l'élément résistant de la France, étend ses champs de quartz et de schiste,

(1) Cette citation et les suivantes, jusqu'à nouvelle indication, sont empruntées au tome II de l'*Histoire de France.*

(2) La Bretagne, qui formait un duché depuis 843, a été définitivement réunie à la couronne sous François Ier en 1532. Cette réunion avait été amenée par le mariage de la duchesse de Bretagne Anne avec Charles VIII, puis avec Louis XII, et par le mariage de Claude de France, fille de Louis XII et d'Anne de Bretagne, avec François Ier. On peut comparer à la description de Michelet les paysages bretons de Chateaubriand dans les *Mémoires d'outre-tombe*, et ceux de M. E. Renan dans les *Souvenirs d'enfance.*

depuis les ardoisières de Châteaulin près Brest, jusqu'aux ardoisières d'Angers. C'est là son étendue géologique... Le génie de la Bretagne, c'est un génie d'indomptable résistance et d'opposition intrépide, opiniâtre, aveugle.

A ses deux portes, la Bretagne a deux forêts, le Bocage normand et le Bocage vendéen ; deux villes, Saint-Malo et Nantes. L'aspect de Saint-Malo est singulièrement laid et sinistre ; de plus, quelque chose de bizarre que nous retrouverons par toute la presqu'île, dans les costumes, dans les tableaux, dans les monuments. Petite ville, riche, sombre et triste, nid de vautours ou d'orfraies, tour à tour île et presqu'île selon le flux ou le reflux ; tout bordé d'écueils sales et fétides, où le varech pourrit à plaisir. Au loin, une côte de rochers blancs, anguleux, découpés comme au rasoir....

« A l'autre bout, c'est Brest, le grand port militaire, la pensée de Richelieu, la main de Louis XIV (1) ; fort, arsenal et bagne, canons et vaisseaux, armée et millions, la force de la France entassée au bout de la France : tout cela dans un port serré, où l'on étouffe entre deux montagnes chargées d'immenses constructions....

« Rien de sinistre et formidable comme cette côte de Brest ; c'est la limite extrême, la pointe, la proue de l'ancien monde. Là, les deux ennemis sont en face : la terre et la mer, l'homme et la nature. Il faut voir,

(1) Une médaille frappée sous Louis XIV, pendant le ministère de Colbert, à l'occasion de l'achèvement des travaux du port et de l'arsenal de Brest, porte la légende suivante : *Bresti navale et portus, tutela classium Oceani.*

quand elle s'émeut, la furieuse, quelles monstrueuses vagues elle entasse à la pointe de Saint-Mathieu, à cinquante, à soixante, à quatre-vingts pieds ; l'écume vole jusqu'à l'église où les mères et les sœurs sont en prières...

« A Lanvau, près Brest, s'élève, comme la borne du continent, une grande pierre brute. De là, jusqu'à Lorient, et de Lorient à Quiberon et Carnac, sur toute la côte méridionale de la Bretagne, vous ne pouvez marcher un quart d'heure sans rencontrer quelques-uns de ces monuments informes qu'on appelle druidiques (1). Vous les voyez souvent de la route dans des landes couvertes de houx et de chardons. Ce sont de grosses pierres basses, dressées et souvent arrondies par le haut, ou bien une table de pierre portant sur trois ou quatre pierres droites...

« Je n'oublierai jamais le jour où je partis de grand matin d'Auray, la ville sainte des chouans, pour visiter, à quelques lieues, les grands monuments druidiques de Loc Maria Ker et de Carnac.

« Le premier de ces villages, à l'embouchure de la sale et fétide rivière d'Auray, *avec ses îles du Morbihan, plus nombreuses qu'il y a de jours dans l'an*, regarde, par-dessus une petite baie, sur la plage de Quiberon, de sinistre mémoire.

(1) Il est démontré, aujourd'hui, que ces monuments sont de beaucoup antérieurs à l'époque des prêtres gaulois appelés *Druides* : aussi, pour ne rien préjuger sur leur origine, les nomme-t-on *mégalithiques*, c'est-à-dire construits de grandes pierres.

« Il tombait du brouillard comme il y en a sur ces côtes la moitié de l'année. De mauvais ponts sur des marais, puis le bas et sombre manoir avec la longue avenue de chênes qui s'est religieusement conservée en Bretagne ; des bois fourrés et bas, où les vieux arbres même ne s'élèvent jamais bien haut; de temps en temps un paysan qui passe sans regarder ; mais il vous a bien vu avec son œil oblique d'oiseau de nuit. Cette figure explique leur fameux cri de guerre, et le nom de *Chouans* (1) que leur donnaient les *Bleus*. Point de maisons sur les chemins ; ils reviennent chaque soir au village. Partout de grandes landes, tristement parées de bruyères roses et de diverses plantes jaunes ; ailleurs, ce sont des campagnes blanches de sarrasins. Cette neige d'été, ces couleurs sans éclat et comme flétries d'avance, affligent l'œil plus qu'elles ne le récréent... En avançant vers Carnac, c'est encore pis. Véritables plaines de roc où quelques moutons noirs paissent le caillou. Au milieu de tant de pierres, dont plusieurs sont dressées d'elles-mêmes, les alignements de Carnac n'inspirent aucun étonnement. Il en reste quelques centaines debout ; la plus haute a quatorze pieds. »

(1) *Chouans*. C'est le nom donné pendant la Révolution aux paysans qui défendirent la cause royaliste dans l'Anjou, le Maine, la Bretagne ; ils furent ainsi appelés du surnom (chat-huant) d'un de leurs chefs, Jean Cottereau, sabotier près de Laval. (Grégoire.) — Le nom de *Bleus* a été donné par les royalistes et les catholiques de la Bretagne et de la Vendée aux soldats républicains.

Nous pouvons suivre le monde Celtique, le long de la Loire, jusqu'à Tours, la métropole ecclésiastique de la Bretagne, au moyen âge.

« Nantes est un demi-Bordeaux, moins brillant et plus sage, mêlé d'opulence coloniale et de sobriété bretonne. »

L'Anjou est un pays où longtemps domina la grande féodalité.

« *La noire ville* d'Angers (1) porte, non seulement dans son vaste château et dans sa Tour du Diable, mais sur sa cathédrale même, ce caractère féodal. Cette église Saint-Maurice est chargée, non de saints, mais de chevaliers armés de pied en cap... Malgré sa position sur le triple fleuve de la Maine, et si près de la Loire, où l'on distingue à leur couleur les eaux des quatre provinces, Angers dort aujourd'hui.

« Elles dorment aussi, au murmure de la Loire, les villes de Saumur (2) et de Tours, la capitale du protestantisme et la capitale du catholicisme en France... Sau-

(1) Le comté d'Anjou a été réuni une première fois, par Philippe-Auguste, au domaine de la couronne en 1205, puis par Louis XI en 1481 avec le Maine.

(2) Saumur, à la fin du XVIe et au commencement du XVIIe siècle, a été avec la Rochelle et Montauban une des citadelles du protestantisme français. Duplessis-Mornay, l'ami et le serviteur de Henri IV, « le pape des Huguenots », a eu le gouvernement de Saumur de 1589 à 1620.

mur, le petit royaume des prédicants... Bien autrement historique est la bonne ville de Tours, et son tombeau de saint Martin (1), le vieil asile, le vieil oracle, le Delphes de la France, où les Mérovingiens venaient consulter les sorts... Mans, Angers, toute la Bretagne, dépendaient de l'archevêché de Tours (2) ; ses chanoines, c'étaient les Capets... Là, on battait monnaie, comme à Paris ; là on fabriqua de bonne heure la soie, les tissus précieux, et aussi, s'il faut le dire, ces confitures, ces rillettes, qui ont rendu Tours et Reims également célèbres... Mais Paris, Lyon et Nantes ont fait tort à l'industrie de Tours. C'est la faute aussi de ce doux soleil, de cette molle Loire ; le travail est chose contre nature dans ce paresseux climat de Tours, de Blois et de Chinon... C'est le pays du *rire* et du *rien faire*. Vive verdure en août comme en mai, des fruits, des arbres. Si vous regardez du bord, l'autre rive semble suspendue en l'air, tant l'eau réfléchit fidèlement le ciel : sable au bas, puis le saule qui vient boire dans le fleuve ; derrière, le peuplier, le tremble, le noyer, et les îles fuyant parmi les îles; en montant, des têtes rondes

(1) Saint Martin (316-397), né en Pannonie (partie de la Hongrie actuelle), fut soldat, entra dans les ordres, fonda à Ligugé, près Poitiers, le premier monastère de la Gaule, fut élevé par le suffrage populaire au siège épiscopal de Tours et fonda le monastère de Marmoutiers, près de cette ville. Il a évangélisé les campagnes encore païennes. Il a été l'un des saints les plus populaires au moyen âge.

(2) Le comté de Touraine a été enlevé par Philippe-Auguste à Jean sans Terre et réuni à la couronne en 1203.

d'arbres qui s'en vont moutonnant doucement les uns sur les autres. »

Après avoir parlé des Celtes de Bretagne, Michelet s'achemine vers le Midi, vers le pays des Ibères, plus anciens habitants du sol que les Celtes qui les ont refoulés au sud de la Garonne, dans les Pyrénées.

« Le Poitou (1), que nous trouvons de l'autre côté de *la Loire*, en face de *la Bretagne* et de *l'Anjou*, est un pays formé d'éléments très divers, mais non point mélangés. Trois populations fort distinctes y occupent trois bandes de terrains qui s'étendent du nord au midi.

Le plateau des Deux-Sèvres versent ses rivières, l'une vers Nantes, l'autre vers Niort et la Rochelle. Les deux contrées excentriques qu'elles traversent sont fort isolées de la France. La seconde, petite Hollande répandue en marais, en canaux, ne regarde que l'Océan, que la Rochelle. La *ville blanche* comme la ville noire, la Rochelle comme Saint-Malo, fut originairement un asile ouvert par l'Eglise aux Juifs, aux serfs du Poitou... Une foule d'aventuriers, sortis de cette populace sans nom, exploitèrent les mers comme marchands, comme pirates. »

Depuis l'époque où le cardinal de Richelieu ferma

(1) Le comté de Poitou a été réuni à la couronne d'abord par Philippe-Auguste en 1206, puis par Charles VI en 1417.

le port par une digue immense pour empêcher les Anglais de secourir la ville, depuis la suppression de ses franchises et la fondation de Rochefort par Louis XIV, « la ville amphibie ne fit plus que languir. »

« Il y avait pourtant une partie du Poitou qui n'avait guère paru dans l'histoire, que l'on connaissait peu et qui s'ignorait elle-même. Elle s'est révélée par la guerre de *la Vendée* (1). *Le bassin de la Sèvre nantaise, les sombres collines qui l'environnent, tout le bocage vendéen, telle fut la principale et première scène de cette guerre terrible qui embrasa tout l'Ouest.*

Cette Vendée qui a quatorze rivières, et pas une navigable, pays perdu dans ses bois... tenait à ses habitudes. L'ancienne monarchie les avait peu troublées, la Révolution voulut les lui arracher; brusque et violente, portant partout une lumière subite, elle effaroucha ces fils de la nuit. Ces paysans se trouvèrent des héros.

« En avançant vers le Midi, nous passerons la sombre ville de Saintes et ses belles campagnes, les champs de

---

(1) La Vendée, c'est le bas Poitou. La guerre civile de Vendée, qui commença en 1793, par l'insurrection des paysans catholiques et royalistes de la Vendée contre le gouvernement de la République, et qui s'est étendue ensuite aux départements de l'Ouest, n'a pris fin qu'en 1796. Voir sur ce point l'*Histoire de la Révolution* de Michelet.

bataille de Taillebourg (1) et de Jarnac, les grottes de la Charente et ses vignes dans les marais salants. Nous traversons même rapidement le Limousin (2), ce pays élevé, froid, pluvieux, qui verse tant de fleuves. Ses belles collines granitiques, arrondies en demi-globes, ses vastes forêts de châtaigniers nourrissent une population honnête mais lourde, timide et gauche par indécision... Le bas Limousin est autre chose : le caractère remuant et spirituel des méridionaux y est déjà frappant.

« *Les montagnes du haut Limousin* se lient à celles de l'Auvergne, et celles-ci avec les Cévennes. L'Auvergne (3) est la vallée de l'Allier, dominée à l'ouest par la masse du Mont-Dore, qui s'élève entre le pic ou Puy de Dôme

(1) Taillebourg, village du département de la Charente-Inférieure ; victoire de saint Louis en 1242 sur les Anglais et une coalition féodale. — Jarnac, chef-lieu de canton du département de la Charente : bataille célèbre du 13 mars 1569, dans la seconde guerre de religion, où les protestants furent vaincus par les catholiques et où le prince Louis I de Condé, chef des protestants, fut tué.

(2) Le vicomté de Limoges, rattaché au comté d'Albret sous Charles VII, et qui faisait partie du patrimoine de Henri IV, fut définitivement réuni à la couronne à l'avènement de ce prince en 1589.

(3) L'Auvergne, l'ancienne Arvernie, comprenait la terre d'Auvergne réunie à la couronne par Philippe-Auguste en 1198, le comté d'Auvergne réuni à la couronne sous Louis XIII en 1615, le duché d'Auvergne, le comté de Clermont et le dauphiné d'Auvergne réunis à la couronne par François Ier, les deux premiers en 1523, le troisième en 1521.

et la masse du Cantal. Vaste incendie éteint, aujourd'hui paré presque partout d'une forte et rude végétation. Le noyer pivote sur le basalte, et le blé germe sur la pierre ponce. Les feux intérieurs ne sont pas tellement assoupis que certaine vallée ne fume encore, et que les étouffis du Mont-Dore ne rappellent la Solfatare et la Grotte du Chien (1). Villes noires, bâties de lave (Clermont, Saint-Flour, etc.). Mais la campagne est belle, soit que vous parcouriez les vastes et solitaires prairies du Cantal et du Mont-Dore, au bruit monotone des cascades, soit que de l'île basaltique où repose Clermont, vous promeniez vos regards sur la fertile Limagne (2) et sur le Puy-de-Dôme (3), ce joli *dé à coudre* de sept cents toises, dévoilé tour à tour par les nuages qui l'aiment et qui ne peuvent ni le fuir ni lui rester.

« C'est qu'en effet l'Auvergne est battue d'un vent éternel et contradictoire, dont les vallées opposées et alternées de ses montagnes animent, irritent les

(1) La Solfatare ou la Soufrière, cratère de volcan éteint entre Pouzzoles et Naples. (Grégoire.) — La Grotte du Chien est située aux environs de Naples : l'acide carbonique qui se dégage du sol éteint une lumière et asphyxie un chien.

(2) La Limagne, c'est la vallée de l'Allier, entre les monts Dômes et les monts du Forez, sur 108 kilomètres de long et 2 de large. Elle produit le blé, le seigle, la betterave, les arbres fruitiers.

(3) Le Puy-de-Dôme a 1,463 mètres au-dessus du niveau de la mer ; le Plomb du Cantal a 1,858 mètres ; le Pic de Sancy, dans le massif des monts Dore, 1,886. Consulter l'excellent Atlas Dunan qui vient de paraître chez Lecène et Oudin.

courants. Pays froid sous un ciel déjà méridional, où l'on gèle sur les laves... Chargée, comme les Limousins, de je ne sais combien d'habits épais et pesants, on dirait une race méridionale grelottant au vent du nord et comme resserrée, durcie sous ce ciel étranger... Plus laborieux qu'industrieux, ils labourent encore souvent les terres fortes et profondes de leurs plaines avec la petite charrue du Midi qui égratigne à peine le sol. Ils ont beau émigrer tous les ans des montagnes, ils rapportent quelque argent, mais peu d'idées. Et pourtant il y a une force réelle dans les hommes de cette race, une sève amère, acerbe peut-être, mais vivace comme l'herbe du Cantal.

« Je pourrais entrer par le Rouergue (1) dans la grande vallée du Midi. Cette province en marque le coin d'un accident bien rude. Elle n'est elle-même, sous ses sombres châtaigniers, qu'un énorme morceau de houille, de fer, de cuivre, de plomb. La houille y brûle en plusieurs lieues, consumée d'incendies séculaires qui n'ont rien de volcanique (2). Cette terre, maltraitée et du froid et du chaud dans la variété de ses expositions et de ses climats, gercée de précipices, tranchée par deux torrents, le Tarn et l'Aveyron, a peu à envier à l'âpreté des Cévennes. Mais j'aime mieux entrer par Cahors.

Là tout se revêt de vignes. Les mûriers commencent

(1) Le Rouergue, pays de l'ancien gouvernement de Guyenne et Gascogne, capitale Rodez.

(2) Les houillères d'Aubin et de Decazeville, dans le département de l'Aveyron.

avant Montauban. Un paysage de trente ou quarante lieues s'ouvre devant vous, vaste océan d'agriculture, masse animée, confuse, qui se perd au loin dans l'obscur ; mais par-dessus s'élève la forme fantastique des Pyrénées aux têtes d'argent. Le bœuf attelé par les cornes laboure la fertile vallée, la vigne monte à l'orme. Si vous appuyez à gauche vers les montagnes, vous trouvez déjà la chèvre suspendue au coteau aride, et le mulet, sous sa charge d'huile, suit à mi-côte le petit sentier. A midi, un orage, et la terre est un lac ; en une heure, le soleil a tout bu d'un trait. Vous arrivez le soir dans quelque grande et triste ville, si vous voulez à Toulouse (1). A cet accent sonore, vous vous croiriez en Italie ; pour vous détromper, il suffit de regarder ces maisons de bois et de brique ; la parole brusque, l'allure hardie et vive vous rappelleront aussi que vous êtes en France...

« Toulouse est le point central du grand bassin du Midi. C'est là, ou à peu près, que viennent les eaux des Pyrénées et des Cévennes, le Tarn et la Garonne, pour s'en aller ensemble à l'Océan. La Garonne reçoit tout. Toulouse sépare à peu près le Languedoc de la Guyenne, ces deux contrées si différentes sous la même latitude. La

(1) Toulouse, Tolosa Tectosagorum, fut la capitale des Volces Tectosages, du royaume des Visigoths au ve siècle, du duché d'Aquitaine aux VIIe et VIIIe siècles, du comté de Toulouse du IXe au XIIIe siècle. Le comté de Toulouse a été réuni au domaine de la couronne sous Philippe III le Hardi, en 1272. — Le comté de Toulouse faisait partie du haut Languedoc.

Garonne passe la vieille Toulouse, le vieux Languedoc, romain et gothique, et, grandissant toujours, elle s'épanouit comme une mer en face de la mer, en face de Bordeaux (1). Celle-ci, longtemps capitale de la France anglaise, plus longtemps anglaise de cœur, est tournée, par l'intérêt de son commerce, vers l'Angleterre, vers l'Océan, vers l'Amérique. La Garonne, disons maintenant la Gironde, y est deux fois plus large que la Tamise à Londres.

« Quelque belle et riche que soit cette vallée de la Garonne, on ne peut s'y arrêter ; les lointains sommets des Pyrénées ont un trop puissant attrait. Mais le chemin est sérieux. Soit que vous preniez par Nérac, triste seigneurie des Albrets (2), soit que vous cheminiez le long de la côte, vous ne voyez qu'un océan de landes, tout au plus des arbres à liège, de vastes *pinadas*, route sombre et solitaire, sans autre compagnie que les troupeaux de moutons noirs qui suivent leur éternel voyage des Pyrénées aux Landes, et vont, des montagnes à la plaine, chercher la chaleur au nord, sous la conduite du pasteur landais........

« La formidable barrière de l'Espagne nous apparaît enfin dans sa grandeur. Ce n'est point, comme les Alpes,

(1) Bordeaux, capitale du duché de Guienne, qui a appartenu aux rois d'Angleterre de 1152 à 1453.

(2) La maison d'Albret tirait son nom du château d'Albret, dans le diocèse de Bazas. Elle a été puissante et célèbre aux XIVe et XVe siècles. Elle acquit le royaume de Navarre par mariage en 1484. — Nérac est aujourd'hui un chef-lieu d'arrondissement du Lot-et-Garonne.

un système compliqué de pics et de vallées, c'est tout simplement un mur immense qui s'abaisse aux deux bouts; tout autre passage est inaccessible aux voitures, et fermé au mulet, à l'homme même, pendant six ou huit mois de l'année. Deux peuples à part, qui ne sont réellement ni espagnols ni français, les Basques (1) à l'ouest, à l'est les Catalans et Roussillonnais, sont les portiers des deux mondes. Ils ouvrent et ferment........

« Montons donc, non pas au Vignemale (2), non pas au Mont-Perdu, mais seulement au port (3) de Paillers, où les eaux se partagent entre les deux murs, ou bien entre Bagnères et Barèges, entre le beau et le sublime. Là vous saisissez la fantastique beauté des Pyrénées, ces sites étranges, incompatibles, réunis par une inexplicable féerie, et cette atmosphère magique, qui tour à tour rapproche, éloigne les objets; ces gaves écumants ou vert d'eau, ces prairies d'émeraude. Mais bientôt succède l'horreur sauvage des grandes montagnes, qui se cachent derrière, comme un monstre sous un masque de belle jeune fille....

(1) Les Basques, ou Escualdunac, sont les descendants des anciens Ibères. En France, ils peuplent la partie occidentale du département des Basses-Pyrénées; en Espagne, les quatre provinces dites provinces Basques.

(2) Le Vignemale a 3,298 mètres; le Mont-Perdu, 3,351. Le géant des Pyrénées est le pic de Néthou, dans le massif de la Maladetta, 3,404. Consulter Atlas Dunan.

(3) Port signifie col, passage. — A cette description, ajoutez les passages consacrés aux Pyrénées dans *la Montagne*; comparez le *Voyage aux Pyrénées* de M. Taine et les *Pyrénées françaises* de Paul Perret (Lecène et Oudin).

« Qui veut voir toutes les races et tous les costumes des Pyrénées, c'est aux foires de Tarbes qu'il doit aller. Il y vient près de dix mille âmes : on s'y rend de plus de vingt lieues. Là vous trouvez souvent à la fois le bonnet blanc du Bigorre (1), le brun de Foix (2), le rouge du Roussillon (3), quelquefois même le grand chapeau plat d'Aragon (4), le chapeau rond de Navarre (5), le bonnet pointu de Biscaye (6). Le voiturier basque y viendra sur son âne, avec sa longue voiture à trois chevaux ; il porte le béret du Béarn (7), mais vous distinguerez bien vite le Béarnais et le Basque ; le joli petit homme sémillant de la plaine, qui a la langue si prompte, la main

(1) Le Bigorre, pays de l'ancienne Gascogne, capitale Tarbes.

(2) Le comté de Foix entra, par mariage, dans la maison d'Albret en 1484 et fut réuni à la couronne par Henri IV en 1589.

(3) Le comté de Roussillon, réuni à la couronne par le traité des Pyrénées en 1659.

(4) L'Aragon, aujourd'hui province d'Espagne, anciennement royaume.

(5) Navarre. L'ancien royaume de Navarre s'est divisé en deux parties : la haute Navarre ou Navarre espagnole, capitale Pampelune, la basse Navarre ou Navarre française, capitale Saint-Jean-Pied-de-Port. Le royaume de Navarre ou Navarre française a été réuni à la couronne par Henri IV en 1589. Ferdinand le Catholique, roi d'Aragon, s'était emparé de la haute Navarre en 1512.

(6) Biscaye, l'une des trois provinces Basques espagnoles, capitale Bilbao.

(7) Vicomté de Béarn, capitale Pau (depuis 1460), réunie à la couronne à l'avènement de Henri IV.

aussi, et le fils de la montagne, qui la mesure rapidement de ses *grandes jambes*.

« Passez les paysages fantastiques de Saint-Bertrand de Comminges et de Foix, ces villes qu'on dirait jetées là par les fées ; passez notre petite Espagne de France, le Roussillon, ses vertes prairies, ses brebis noires, ses romances catalanes, si douces à recueillir le soir de la bouche des filles du pays. Descendez dans ce pierreux Languedoc (1), suivez-en les collines mal ombragées d'oliviers, au chant monotone de la cigale. Là, point de rivières navigables ; le canal des deux mers (2) n'a pas suffi pour y suppléer ; mais force étangs salés, des terres salées aussi, où ne croît que le salicor ; d'innombrables sources thermales, du bitume et du baume, c'est une autre Judée...

(1) Le Languedoc s'étendait sur les deux versants des Cévennes, et se divisait en haut Languedoc (Toulousain, Albigeois, Lauraguais, diocèse de Rieux, Carcassez, pays de Comminges), et en bas Languedoc, (Narbonnais, diocèses de Béziers, Lodève, Agde, Alais, Nîmes, Montpellier, Uzès, — Vivarais, Velay, Gévaudan). Le Languedoc fut réuni par parties au domaine royal. Le traité de Meaux (1229) donne à saint Louis le Vivarais, le Gévaudan, les comtés de Nîmes, Saint-Gilles et Lodève, la vicomté de Béziers, le sud de l'Albigeois, le Carcassez, le Lauraguais, le Razès. En 1248, achat d'Aigues-Mortes par saint Louis. En 1270, Philippe III le Hardi hérite du comté de Toulouse et de ses dépendances. En 1349, Philippe VI de Valois achète la seigneurie de Montpellier. En 1589, Henri IV réunit le diocèse de Narbonne.

(2) Le canal des Deux-Mers ou canal du Midi va de Toulouse aux Onglous, sur l'étang de Thau. Il fut creusé sous Louis XIV par Riquet.

« Le vent chaud et lourd d'Afrique pèse sur ce pays. La plupart de ces villes sombres, dans les plus belles situations du monde, ont autour d'elles des plaines insalubres : Albi, Lodève, Agde *la noire*, à côté de son cratère ; Montpellier, héritière de feu Maguelonne, dont les ruines sont à côté, Montpellier, qui voit à son choix les Pyrénées, les Cévennes, les Alpes même, a près d'elle et sous elle une terre malsaine couverte de fleurs, tout aromatique, et comme profondément médicamentée ; ville de médecine (1), de parfums et de vert-de-gris... Pays de liberté politique et de servitude religieuse, plus fanatique que dévot, le Languedoc a toujours nourri un vigoureux esprit d'opposition... Le Languedoc, placé au coude du Midi, dont il semble l'articulation et le nœud, a été souvent froissé dans la lutte des races et des religions... Le fort et dur génie du Languedoc n'a pas été assez distingué de la légèreté spirituelle de la Guyenne et de la pétulance emportée de la Provence...

« Riveraines du Rhône, coupé symétriquement par des fleuves ou torrents qui se répondent (le Gard à la Durance, et le Var à l'Hérault), les provinces de Languedoc et de Provence forment à elles deux notre littoral sur la Méditerranée (2). Ce littoral a des deux côtés ses

(1) Au Xe siècle, les juifs fondent l'Ecole de Montpellier, qui, au XIIe, devient une Faculté. C'est à Montpellier, sous Charles VI, qu'on dissèque pour la première fois en France. Les grands médecins du XVIe siècle, André Vesale, Michel Servet, ont étudié à l'Université de Montpellier.

(2) Avec le comté de Nice (département des Alpes-Maritimes), cédé par le roi de Sardaigne à la France en 1860.

étangs, ses marais, ses vieux volcans. Mais le Languedoc est un système complet, un dos de montagne ou collines avec les deux pentes: c'est lui qui verse les fleuves à la Guyenne et à l'Auvergne. La Provence (1) est adossée aux Alpes; elle n'a point les Alpes, ni les sources de ses grandes rivières; elle n'est qu'un prolongement, une *pente des monts vers le Rhône et la mer; au bas de cette* pente, et le pied dans l'eau, sont ses belles villes, Marseille, Arles, Avignon. *En Provence, toute la vie est au* bord. Le Languedoc, au contraire, dont la côte est moins favorable, tient *ses villes en arrière de la mer et du* Rhône. Narbonne, Aigues-Mortes et Cette ne veulent point être des ports. Aussi l'histoire du Languedoc est plus continentale que maritime... Tandis que le Languedoc recule devant la mer, la Provence y entre, elle lui jette Marseille et Toulon; elle semble élancée aux courses maritimes, aux croisades, aux conquêtes d'Italie et d'Afrique.

« La Provence a visité, a hébergé tous les peuples. Le Grec, l'Espagnol, l'Italien, après y être débarqués, n'ont plus voulu se rembarquer. Ils ont fait en Provence des villes grecques, moresques, italiennes. Ils ont préféré les figues fiévreuses de Fréjus à celles d'Ionie (2) ou de Tusculum (3), combattu les torrents, cultivé en terrasses les

(1) Le comté de Provence a été réuni à la couronne par Louis XI en 1481.

(2) Ionie, nom donné dans l'antiquité à l'Attique (dans la Grèce), après l'invasion des Ioniens, et à la partie occidentale de l'Asie-Mineure, située entre les fleuves Hermès et Méandre.

(3) Tusculum, ville de l'ancien Latium.

pentes rapides, exigé le raisin des coteaux pierreux qui ne donnent que thym et lavande.

« Cette poétique Provence n'en est pas moins un rude pays. Sans parler de ses marais pontins, et du val d'Ollioules (1), et de la vivacité de tigre du paysan de Toulon, ce vent éternel qui enterre dans le sable les arbres du rivage, qui pousse les vaisseaux à la côte, *n'est guère moins funeste sur terre que sur mer*. Les coups de vent, brusques et subits, saisissent *mortellement*. *Le Provençal est trop vif pour s'emmaillotter du manteau espagnol*. Et ce puissant soleil aussi, la fête ordinaire de ce pays de fêtes, donne rudement sur la tête, quand d'un rayon il transfigure l'hiver en été, il vivifie l'arbre, il le brûle. Et les gelées brûlent aussi. Plus souvent des orages, des ruisseaux qui deviennent des fleuves. Le laboureur ramasse son champ au bas de la colline, ou le suit voguant à grande eau, et s'ajoutant à la terre du voisin. Nature capricieuse, passionnée, colère et charmante.

« Le Rhône est le symbole de la contrée, son fétiche, comme le Nil est celui de l'Egypte... Ce Rhône, emporté comme un taureau qui a vu du rouge, vient donner contre son delta de la Camargue, l'île des taureaux et des beaux pâturages. La fête de l'île, c'est la *Ferrade*. Un cercle de chariots est chargé de spectateurs. On y pousse à coups de fourche les taureaux qu'on veut marquer. Un homme adroit et vigoureux renverse le jeune animal, et pendant qu'on le tient à terre, on offre le fer

(1) Gorges, près de Toulon, à 8 kilomètres.

rouge à une dame invitée ; elle descend et l'applique elle-même sur la bête écumante.

« Voilà le génie de la basse Provence, violent, bruyant, barbare, mais non sans grâce.

« Mais il faut que je fraye ma route vers le nord, aux sapins du Jura, aux chênes des Vosges et des Ardennes, vers les plaines décolorées du Berry et de la Champagne.

« Les Provençaux appellent les Dauphinois (1) les *Franciaux*. Le Dauphiné appartient déjà à la vraie France, la France du Nord. Malgré la latitude, cette province est septentrionale. Là commence cette zone de pays rudes et d'hommes énergiques qui couvrent la France à l'est. D'abord le Dauphiné, comme une forteresse sous le vent des Alpes ; puis les marais de la Bresse ; puis dos à dos la Franche-Comté et la Lorraine, attachées ensemble par les Vosges, qui versent à celle-ci la Moselle, à l'autre la Saône et le Doubs. Un vigoureux génie de résistance et d'opposition signale ces provinces.

« Leur vie morale et leur poésie, à ces hommes de la frontière, du reste raisonneurs et intéressés, c'est la guerre... Il y a là, sur la frontière, des villes héroïques où c'est de père en fils un invariable usage de se faire tuer pour le pays. Et les femmes s'en mêlent souvent comme les hommes...

« Il y a dans les mœurs communes du Dauphiné une vive et franche simplicité à la montagnarde, qui charme

(1) Le Dauphiné a été réuni à la couronne par Philippe VI de Valois (1349), qui l'acheta à Humbert II, Dauphin de Viennois.

toujours. En montant vers les Alpes surtout, vous trouverez l'honnêteté savoyarde, la même bonté, avec moins de douceur. Là, il faut bien que les hommes s'aiment les uns les autres : la nature, ce semble, ne les aime guère. Sur ces pentes exposées au nord, au fond de ces sombres entonnoirs où siffle le vent maudit des Alpes, la vie n'est adoucie que par le bon cœur et le bon sens du peuple... Dans les plaines du Dauphiné, le paysan, moins bon et moins modeste, est souvent bel esprit : il fait des vers et des vers satiriques. »

Besançon, la capitale de la Franche-Comté (1), comme Grenoble, la capitale du Dauphiné, était au *Moyen Age* une *république ecclésiastique* sous son archevêque. Malgré les fortes barrières de la longue muraille du Jura et des replis du Doubs, la Franche-Comté a été longtemps une dépendance de l'Empire germanique.

« Entre la grande Meuse et la petite (la Moselle) (2), les trois villes ecclésiastiques (3), Metz, Toul et Verdun, placées en triangle, formaient un terrain neutre, une île,

(1) Franche-Comté ou comté de Bourgogne, conquise par Louis XIV sur l'Espagne (1674) et cédée à la France au traité de Nimègue (1678).

(2) Mosa, Mosella.

(3) Les trois Evêchés, Metz, Toul et Verdun, cédés à la France par les princes protestants d'Allemagne confédérés contre l'empereur Charles-Quint, en 1552, sous le règne de Henri II.

un asile aux serfs fugitifs. Les juifs mêmes, proscrits partout, étaient reçus dans Metz... Là, il n'y avait point de barrière naturelle contre l'Allemagne, comme en Dauphiné et en Franche-Comté. Les beaux ballons des Vosges, la chaîne même de l'Alsace, ces montagnes à formes douces et paisibles, favorisaient d'autant mieux la guerre...

« La langue française s'arrête en Lorraine (1), et je n'irai pas au delà. Je m'abstiens de franchir la montagne, de regarder l'Alsace (2)....

« En descendant de Lorraine aux Pays-Bas par les Ardennes, la Meuse, d'agricole et industrielle, devient de plus en plus militaire. Verdun et Stenay, Sedan, Mézières et Givet, Maestricht, une foule de places fortes, maîtrisent son cours. Elle leur prête ses eaux, elle les couvre ou leur sert de ceinture. Tout ce pays est boisé, comme pour masquer la défense et l'attaque aux approches de la Belgique. La grande forêt d'Ardenne, la *profonde,* s'étend de tous côtés, plus vaste qu'imposante. Vous rencontrez des villes, des bourgs, des pâturages ; vous vous croyez sorti des bois ; mais ce ne sont là que des clairières. Les bois recommencent toujours ; toujours les petits chênes, humble et monotone océan végétal, dont vous apercevez

(1) Le duché de Lorraine, réuni à la couronne en 1766, sous Louis XV.

(2) L'Alsace, acquise par la France, — sauf Strasbourg, — aux traités de Westphalie (1648). — Strasbourg, acquise par Louis XIV en 1681. — Metz, Strasbourg, presque toute l'Alsace et une partie de la Lorraine appartiennent à l'Empire allemand depuis le traité de Francfort de 1871.

de temps à autre, du sommet de quelque colline, les uniformes ondulations...

« Ce sombre pays des Ardennes appartient à l'évêché de Metz, au bassin de la Meuse... Manufactures d'armes, tanneries, ardoisières, tout cela n'égaie pas le pays. Mais la race est distinguée : quelque chose d'intelligent et de sobre, d'économe ; la figure un peu sèche et taillée à vives arêtes... Le pays n'est pas riche, et l'ennemi à deux pas ; cela donne à penser. L'habitant est sérieux....

« Derrière cette rude et héroïque zone du Dauphiné, Franche-Comté, Lorraine, Ardennes, s'en développe une autre tout autrement douce, et plus féconde des fruits de la pensée. Je parle des provinces du Lyonnais, de la Bourgogne et de la Champagne. Zone vineuse, de poésie inspirée, d'éloquence, d'élégante et ingénieuse littérature. Ceux-ci n'avaient pas, comme les autres, à recevoir et renvoyer sans cesse le choc de l'invasion étrangère. Ils ont pu, mieux abrités, cultiver à loisir la fleur délicate de la civilisation.

« D'abord, tout près du Dauphiné, la grande et aimable ville de Lyon, avec son génie éminemment sociable, unissant les peuples comme les fleuves. Cette pointe du Rhône et de la Saône semble avoir été toujours un lieu sacré. »

D'abord un sanctuaire Celtique ; puis, sous la domination romaine, le temple de Rome et d'Auguste, entouré des statues des soixante Etats gaulois ; ensuite, une des premières églises chrétiennes de la Gaule.

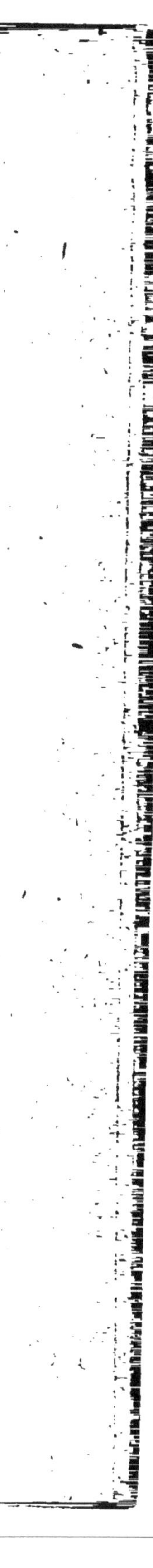

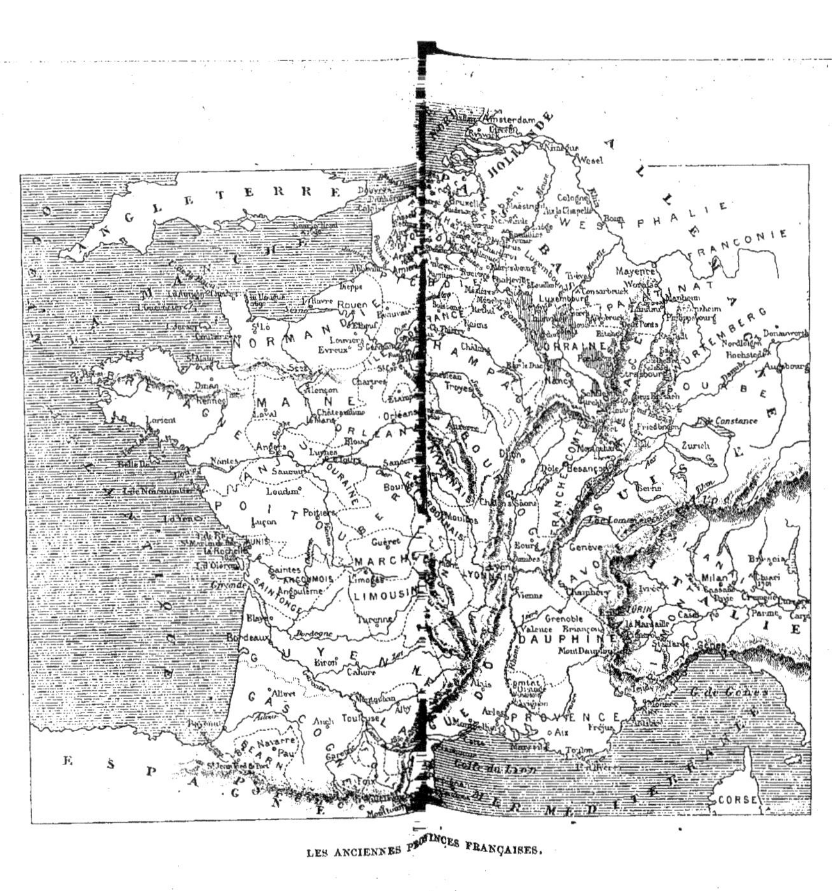

LES ANCIENNES PROVINCES FRANÇAISES.

« Dans les terribles bouleversements des premiers siècles du Moyen Age, cette grande ville ecclésiastique ouvrit son sein à une foule de fugitifs et se peupla de la dépopulation générale (1)... Cette population n'avait ni champs ni terre, rien que ses bras et son Rhône ; elle fut industrielle et commerçante... Cette fourmilière laborieuse, enfermée entre les rochers et les rivières, entassée dans les rues sombres qui y descendent sous la pluie et l'éternel brouillard, elle eut sa vie morale pourtant et sa poésie... L'ouvrier en soie dans l'humide obscurité des rues de *Lyon*, le *tisserand d'Artois et de Flandre*, dans la cave où ils vivaient, se créèrent un monde, au défaut du monde, un paradis moral de doux songes et de visions : en dédommagement de la nature qui leur manquait, ils se donnèrent Dieu.

« *En remontant de Lyon au nord*, vous avez à choisir entre Lyon et Autun : cette dernière, seule sur son torrentueux Arroux, dans l'épaisseur de ses forêts mystérieuses, entre ses cristaux et ses laves...

« La sèche et sombre contrée d'Autun et du Morvan (2) n'a rien de l'aménité bourguignonne. Celui qui veut connaître la vraie Bourgogne (3), l'aimable et vineuse Bour-

(1) Le comté de Lyon a été réuni à la couronne par Philippe le Bel en 1310.

(2) Le Morvan est un pays montagneux et boisé, compris dans l'Autunois (pays d'Autun) et le Nivernais. — L'Autunois ou pays d'Autun appartient à la Bourgogne.

(3) Le duché de Bourgogne a été définitivement réuni à la couronne par Louis XI, après la mort de Charles le Téméraire (1477).

gogne, doit remonter la Saône par Châlons, puis tourner la Côte-d'Or au plateau de Dijon, et redescendre vers Auxerre; bon pays où les villes mettent des pampres dans leurs arbres, où tout le monde s'appelle frère ou cousin, pays de bons vivants et de joyeux noëls. Aucune province n'eut plus grandes abbayes, plus riches, plus fécondes en colonies lointaines... La Bourgogne est le pays des orateurs, celui de la pompeuse et solennelle éloquence...

« C'est une triste chute que de tomber de la Bourgogne dans la Champagne (1), de voir, après ces riants coteaux, des plaines basses et crayeuses. Sans parler du désert de la Champagne-Pouilleuse, le pays est généralement plat, pâle, d'un prosaïsme désolant. Les bêtes sont chétives ; les minéraux, les plantes peu variés. De maussades rivières traînent leur eau blanchâtre entre deux rangs de jeunes peupliers. La maison, caduque en naissant, tâche de défendre un peu sa frêle existence en s'encapuchonnant tant qu'elle peut d'ardoises, au moins de pauvres ardoises de bois; mais sous sa fausse ardoise, sous sa peinture délayée par la pluie, perce la craie, blanche, sale, indigente.

« De telles maisons ne peuvent pas faire de belles villes. Châlons n'est guère plus gaie que ses plaines. Troyes est presque aussi laide qu'industrielle. Reims est triste dans la largeur solennelle de ses rues, qui fait paraître

(1) Le comté de Champagne a été réuni à la couronne par Philippe le Bel (1284). — Sur la Champagne, comparez *La Fontaine*, par M. Taine.

les maisons plus basses encore ; ville autrefois de bourgeois et de prêtres, vraie sœur de Tours, ville sacrée et tant soit peu dévote ; chapelets et pains d'épice, bons petits draps, petit vin admirable, des foires et des pèlerinages.

« Ces villes, essentiellement démocratiques et antiféodales, ont été l'appui principal de la monarchie...

« Ici, dans cette naïve et maligne Champagne, se termine la longue ligne que nous avons suivie, du Languedoc et de la Provence par Lyon et la Bourgogne. Dans cette zone vineuse et littéraire, l'esprit de l'homme a toujours gagné en netteté, en sobriété. Nous y avons distingué trois degrés : la fougue et l'ivresse spirituelle du Midi ; l'éloquence et la rhétorique bourguignonne ; la grâce et l'ironie champenoise (1). C'est le dernier fruit de la France et le plus délicat. Sur ces plaines blanches, sur ces maigres coteaux, mûrit le vin léger du Nord, plein de caprice et de saillies. A peine doit-il quelque chose à la terre ; c'est le fils du travail, de la société. Là crût aussi cette *chose légère* (2), profonde pourtant, ironique à la fois et rêveuse, qui re-

(1) « Tour ironique de niaiserie maligne de l'esprit champenois qu'on appelle, je ne sais pourquoi, naïveté dans nos fabliaux. » (Michelet. *Ibid.*)

(2) Le poète La Fontaine, qui a dit de lui-même :

Je suis chose légère, et vole à tout sujet ;
Je vais de fleur en fleur et d'objet en objet.

Voir dans la Collection des classiques populaires *La Fontaine*, par Emile Faguet. (Lecène et Oudin.)

trouva et ferma pour toujours la veine des fabliaux.

« Par les plaines plates de la Champagne s'en vont nonchalamment le fleuve des Pays-Bas, le fleuve de la France, la Meuse, et la Seine avec la Marne son acolyte. Ils vont, mais grossissant, pour arriver avec plus de dignité à la mer. Et, la terre elle-même surgit peu à peu en collines dans l'Ile-de-France, dans la Normandie, dans la Picardie. La France devient plus majestueuse. Elle ne veut pas arriver la tête basse en face de l'Angleterre ; elle se pare de forêts et de villes superbes, elle enfle ses rivières, elle projette en longues ondes de magnifiques plaines, et présente à sa rivale cette autre Angleterre de Flaudre et de Normandie (1).

«Il y a là une émulation immense. Les deux rivages se haïssent et se ressemblent. Des deux côtés, dureté, avidité, esprit sérieux et laborieux. La conquête par les Normands (1066) est le point de départ de l'essor de l'Angleterre. L'esprit guerrier et chicaneur, étranger aux Anglo-Saxons, qui a fait de l'Angleterre, après la conquête, une nation d'hommes d'armes et de scribes, c'est là le pur esprit normand... Le Lorrain et le Dauphinois ne peuvent rivaliser avec le Normand pour l'esprit processif. L'esprit breton, plus dur, plus négatif, est moins avide et moins absorbant. La Bretagne est la résistance, la Normandie la conquête : aujourd'hui conquête sur la nature, agriculture, industrialisme. Ce génie ambitieux et conquérant se produit d'ordinaire par la ténacité,

(1) Le duché de Normandie, réuni à la couronne par Philippe Auguste (1205).

souvent par l'audace et l'élan ; et l'élan va parfois au sublime : témoins tant d'héroïques marins, témoin le grand Corneille (1)...

« Ni subtil, ni stérile, à coup sûr, n'est le génie de notre bonne et forte Flandre (2), mais bien positif et réel, bien solidement fondé. Sur ces grasses et plantureuses campagnes, uniformément riches d'engrais, de canaux, d'exubérante et grossière végétation, herbes, hommes et animaux poussent à l'envi, grossissent à plaisir. Le bœuf et le cheval y gonflent à jouer l'éléphant. La femme vaut un homme et souvent mieux. Race pourtant un peu molle dans sa grosseur, plus forte que robuste, mais d'une force musculaire immense. »

Au Moyen Age, les villes flamandes ont été des républiques industrielles, gardiennes jalouses et susceptibles de leurs privilèges et de leurs libertés.

« Il ne fallait pas mettre le pied sur ces fourmilières. Ils en sortaient à l'instant, piques baissées, par quinze,

(1) Le grand Corneille, ainsi nommé, dit Voltaire, pour le distinguer non seulement de son frère, mais encore du reste des hommes, né à Rouen en 1606, mort à Paris en 1684. Voir dans la Collection des classiques populaires *Corneille*, par Emile Faguet (Lecène et Oudin).

(2) Le comté de Flandre, conquis par Louis XIV sur l'Espagne et cédé à la France par le traité d'Aix-la-Chapelle (1668). — Sur la Flandre et les Pays-Bas, voir Taine, *Philosophie de l'art aux Pays-Bas*.

vingt, trente mille hommes, tous forts et bien nourris, bien vêtus, bien armés. Contre de telles masses la cavalerie féodale n'avait pas beau jeu.

« Avaient ils si grand tort d'être fiers, ces braves Flamands ? Tout gros et grossiers qu'ils étaient, ils faisaient merveilleusement leurs affaires. Personne n'entendait comme eux le commerce, l'industrie, l'agriculture. Nulle part le bon sens, le sens du positif, du réel, ne fut plus remarquable. Nul peuple, peut-être, au Moyen Age, ne comprit mieux la vie courante du monde, ne sut mieux agir et compter...

« Plus on avance au nord dans cette grasse Flandre, sous cette douce et humide atmosphère, plus la contrée s'amollit, plus la sensualité domine, plus la nature devient puissante. Là fleurissent les arts plastiques : la sculpture. L'architecture aussi prend l'essor ; non plus la sobre et sévère architecture normande, aiguisée en ogives et se dressant au ciel, comme un vers de Corneille ; mais une architecture riche et pleine en ses formes..... Ces églises soignées, lavées, parées, comme une maison flamande, éblouissent de propreté et de richesse, dans la splendeur de leurs ornements de cuivre, dans leur abondance de marbres blancs et noirs. Elles sont plus propres que les églises italiennes et non pas moins coquettes. La Flandre est une Lombardie prosaïque, à qui manquent la vigne et le soleil.... Par-dessus ces églises, au sommet de ces tours, sonne l'uniforme et savant carillon, l'honneur et la joie de la commune flamande. Le même air joué d'heure en heure pendant des siècles a suffi au besoin musical de je ne sais combien de générations d'artisans, qui naissaient et mouraient fixés sur l'établi.

« Ce n'est pas assez de ces sons, de ces formes ; il faut des couleurs, de vives et vraies couleurs, des représentations vivantes de la chair et des sens. Il faut, dans les tableaux, de bonnes et rudes fêtes, où des hommes rouges boivent, fument et dansent lourdement. Il faut des supplices atroces, des martyres horribles... Cette frontière des races et des langues européennes est un grand théâtre des victoires de la vie et de la mort... C'est là le coin de l'Europe, le rendez-vous des guerres.

« Pour trouver le centre de la France, il ne faut pas prendre le point central dans l'espace ; ce serait vers Bourges (1), vers le Bourbonnais (2), berceau de la dynastie... Non, le centre s'est trouvé marqué par des circonstances plus politiques que naturelles, plus humaines que matérielles. C'est un centre excentrique, qui dérive et appuie au Nord, principal théâtre de l'activité nationale, dans le voisinage de l'Angleterre, de la Flandre et de l'Allemagne. Protégé, et non pas isolé, par les fleuves qui l'entourent, il se caractérise selon la vérité par le nom d'Ile-de-France (3)...

(1) Bourges, capitale du duché du Berry, réuni définitivement à la couronne sous Louis XI en 1465.

(2) Duché de Bourbon, capitale Moulins, réuni à la couronne par François Ier en 1525.

(3) L'Ile-de-France comprenait le Gâtinais français (Nemours), le Hurepoix (Dourdan), le Laonnais (Laon), le

« Au Nord, les pentes sont peu rapides, les fleuves sont dociles. Ils n'ont point empêché la libre action de la politique de grouper les provinces autour du centre qui les attirait. La Seine est en tout sens le premier de nos fleuves, le plus civilisable, le plus perfectible. Elle n'a ni la capricieuse et perfide mollesse de la Loire, ni la brusquerie de la Garonne, ni la terrible impétuosité du Rhône, qui tombe comme un taureau échappé des Alpes, perce un lac de dix-huit lieues, et vole à la mer, en mordant ses rivages. La Seine reçoit de bonne heure l'empreinte de la civilisation. Dès Troyes, elle se laisse couper, diviser à plaisir, allant rechercher les manufactures et leur prêtant ses eaux. Lors même que la Champagne lui a versé la Marne, et la Picardie l'Oise, elle n'a pas besoin de fortes digues, elle se laisse serrer dans nos quais, sans s'en irriter davantage. Entre les manufactures de Troyes et celles de Rouen, elle abreuve Paris. De Paris au Havre, ce n'est plus qu'une ville. Il faut la voir entre Pont-de-l'Arche et Rouen, la belle rivière, comme elle s'égare dans ses îles innombrables, tandis que, tout du long, les pommiers mirent leurs fruits, jaunes et rouges, sous des masses blanchâtres. Je ne puis comparer à ce spectacle que celui du lac de Genève. Le lac a de plus, il est vrai, les vignes de Vaud, Meillerie et les Alpes. Mais le lac ne marche point; c'est l'immobilité, ou du moins l'agitation sans progrès visi-

---

Noyonnais (Noyon), le Soissonnais (Soissons), le Valois (Crépy en Valois), le Vexin français (Pontoise). C'est, en partie, l'ancien domaine des premiers Capétiens.

ble. La Seine marche, et porte la pensée de la France, de Paris vers la Normandie, vers l'Océan, l'Angleterre, la lointaine Amérique...

« Le vrai centre s'est marqué de bonne heure... C'est entre l'Orléanais (1) et le Vermandois (2), entre le coude de la Loire et les sources de l'Oise, entre Orléans et Saint-Quentin, que la France a trouvé enfin son centre, son assiette et son point de repos...

« Orléans se trouvant placée au lieu où se rapprochent les deux grands fleuves, le sort de cette ville a été souvent celui de la France... La sérieuse Orléans est près de la Touraine, près de la molle et rieuse patrie de Rabelais, comme la colérique Picardie près de l'ironique Champagne... Fortement féodale, fortement communale et démocratique fut cette ardente Picardie (3). »

Pour l'éloquence, la Picardie vaut la Bourgogne et les pays vineux. « Ici, il y a du vin dans le cœur. »

« Qui dit Paris (4), dit la monarchie tout entière.

---

(1) L'Orléanais comprenait les pays suivants : Orléanais propre, Beauce (Chartres), Blésois (Blois), Dunois (Châteaudun), Gâtinais (Montargis), Vendômois (Vendôme).

(2) Le Vermandois, pays de la Picardie, capitale Saint-Quentin.

(3) La Picardie comprenait l'Amiénois, le Boulonnais, le Pays reconquis, le Ponthieu (Abbeville), le Santerre, le Thiérache (Guise), le Vermandois, le Vimeux (Saint-Valery).

(4) Sur Paris, voir Elisée Reclus, *la France* (nouvelle

4*

Comment s'est formé en une ville ce grand et complet symbole du pays ? Il faudrait toute l'histoire du pays pour l'expliquer : la description de Paris en serait le dernier chapitre. Le génie parisien est la forme la plus complète à la fois et la plus haute de la France....

« C'est un grand et merveilleux spectacle de promener ses regards du centre aux extrémités, et d'embrasser de l'œil ce vaste et puissant organisme, où les parties diverses sont si habilement rapprochées, opposées, associées, le faible au fort, le négatif au positif ; de voir l'éloquente et vineuse Bourgogne entre l'ironique naïveté de la Champagne, et l'âpreté critique, polémique, guerrière, de la Franche-Comté et de la Lorraine ; de voir le fanatisme languedocien entre la légèreté provençale et l'indifférence gasconne; de voir la convoitise, l'esprit conquérant de la Normandie contenus entre la résistante Bretagne et l'épaisse et massive Flandre. »

Cette variété et cette unité, cette division et cette union des parties sont le caractère distinctif de la France.

« La force résistante et guerrière, la vertu d'action est aux extrémités, l'intelligence au centre... Les provinces frontières, coopérant plus directement à la défense, gardent les traditions militaires, continuent l'héroïsme barbare, et renouvellent sans cesse d'une

géographie universelle, tome II), et Duruy, *Introduction à l'Histoire de France.*

population énergique le centre énervé par le froissement rapide de la rotation sociale. Le centre, abrité de la guerre, pense encore dans l'industrie, dans la science, dans la politique ; il transforme tout ce qu'il reçoit. »

Bref, tandis que « l'Angleterre est un empire, l'Allemagne (1) un pays, une race, la France est une *personne.* »

(1) Sur l'Allemagne et l'Angleterre, voir l'*Introduction à l'Histoire universelle* de Michelet (édition Calmann-Lévy, 1879). Voir aussi sur l'Allemagne le morceau tiré des papiers de Michelet et publié dans la *Nouvelle Revue* (année 1886).

CHAPITRE V.

L'HISTOIRE DE FRANCE. — LE MOYEN AGE.

Le Moyen Age est la période de l'histoire de l'Europe qui s'étend depuis l'époque des grandes invasions de barbares qui ont renversé l'Empire romain d'Occident (395 ap. J.-C.) jusque vers le milieu du xve siècle, où les derniers envahisseurs, les Turcs, s'établissent à Constantinople, et où commencent d'apparaître les grands Etats modernes (1453). Les traits caractéristiques de cette période sont : le régime féodal, dans lequel est divisé le sol entre un grand nombre de propriétaires qui sont en même temps de petits souverains dans leurs domaines ; le rôle joué par le Pape et l'Empereur, qui tentent l'un et l'autre de gouverner le monde chrétien, le premier comme chef de l'Eglise et vicaire de Jésus-Christ sur la terre, le second comme héritier des Césars Romains.

Lorsque Michelet commença son histoire, un vif intérêt poussait les savants et les artistes à étudier le Moyen Age français. Le siècle précédent, sauf un petit nombre d'érudits, avait été souverainement injuste pour le Moyen Age, qu'il considérait comme un âge de barbarie, d'ignorance et de superstition. Le mouvement romantique qui s'était produit vers 1820 avait attiré l'attention sur les anciens temps de notre histoire ; les chevaliers dans leurs sombres manoirs, les évêques et les abbés derrière les vitraux de leurs cathédrales ou les murs épais de leurs couvents, étaient devenus à la mode. Des littérateurs et des artistes, le goût du Moyen Age passa aux savants et aux historiens. MM. Guizot, Augustin Thierry (1), de Barante (2), pour ne citer que les plus illustres, appliquèrent des talents différents, mais également remarquables, à des parties peu connues ou mal comprises jusqu'alors, de notre Moyen Age. A leur suite, des érudits fouillèrent les archives, publièrent des textes, décrivirent les monuments. Venu un peu après eux, Michelet recueillit le bénéfice de ces travaux et de cette disposition des esprits. Il aborda cette histoire avec la sympathie émue qu'il apportait dans toutes ses études.

« Triste enfant arraché des entrailles mêmes du chris-

(1) Historien français (1795-1856), auteur des *Lettres sur l'Histoire de France*, de l'*Histoire de la Conquête de l'Angleterre par les Normands*, des *Récits Mérovingiens*.

(2) Homme politique et historien (1782-1866) : son ouvrage le plus célèbre est l'*Histoire des ducs de Bourgogne*.

tianisme, dit-il en parlant du Moyen Age, qui naquit dans les larmes, qui grandit dans la prière et la rêverie, dans les angoisses du cœur, qui mourut sans achever rien ; mais il nous a laissé de lui un si poignant souvenir, que toutes les joies, toutes les grandeurs des âges modernes ne suffiront pas à nous consoler (1). »

Le Moyen Age est une sombre époque : les hommes y ont beaucoup souffert à cause des invasions fréquentes de barbares et de pirates, des guerres continuelles entre les rois, les chefs féodaux ; les villes, à cause des famines et des maladies épidémiques. La force publique n'était pas assez puissante pour empêcher la guerre et le meurtre ; l'industrie, l'agriculture, le commerce, la médecine, les sciences et les arts qui prolongent notre existence et nous donnent le bien-être, étaient encore dans l'enfance. Le xe siècle particulièrement, qui vit le triomphe du morcellement féodal et la ruine de toute autorité publique et générale en France, est un des plus sinistres parmi ces siècles de fer. Les hommes, opprimés, dépouillés, massacrés, affamés, n'ayant jamais la certitude du lendemain, désespérèrent de ce monde où ils ne trouvaient que violence, désordre et misère ; « ils aspirèrent à l'ordre, et l'espérèrent dans la mort. »

---

(1) *Histoire de France*, tome II.

« Cette fin d'un monde si triste était tout ensemble l'espoir et l'effroi du Moyen Age. Voyez ces vieilles statues dans les cathédrales du xe et du xie siècle, maigres, muettes et grimaçantes dans leur roideur contractée, l'air souffrant comme la vie et laides comme la mort. Voyez comme elles implorent, les mains jointes, ce moment souhaité et terrible, cette seconde mort de la résurrection qui doit les faire sortir de leurs ineffables tristesses, et les faire passer du néant à l'être, du tombeau en Dieu. C'est l'image de ce pauvre monde sans espoir après tant de ruines. L'empire romain avait croulé, celui de Charlemagne s'en était allé aussi ; le christianisme avait cru d'abord devoir remédier aux maux d'ici-bas, et ils continuaient. Malheur sur malheur, ruine sur ruine. Il fallait bien qu'il vînt autre chose, et l'on attendait. Le captif attendait dans le noir donjon, dans le sépulcral *in pace* (1) ; le serf (2) attendait sur son sillon, à l'ombre de l'odieuse tour ; le moine attendait dans les abstinences du cloître, dans les

(1) L'*in pace* était la prison dans laquelle les moines enfermaient le religieux condamné à mort. On lui adressait, en l'abandonnant dans le cachot, la formule *Vade in pace* (allez en paix) ; d'où est venu le nom d'*in pace* donné au cachot. On voit encore des *in pace* dans quelques monastères. Ce sont des cachots murés de toutes parts et dans lesquels la victime était introduite par une étroite ouverture, sur laquelle se refermait immédiatement la pierre sépulcrale. (*Dictionnaire des Institutions* de Chéruel.)

(2) Serf, du latin *servus*, qui veut dire esclave. Le serf, au Moyen Age, était un homme non libre, cultivant la terre qui appartenait à son seigneur et lui payant les redevances que celui-ci exigeait.

tumultes solitaires du cœur, au milieu des tentations et des chutes, des remords et des visions étranges, misérable jouet du diable qui folâtrait cruellement autour de lui, et qui le soir, tirant sa couverture, lui disait gaiement à l'oreille : « Tu es damné ! »

« Tous souhaitaient sortir de peine, et n'importe à quel prix ! Il leur valait mieux tomber une fois entre les mains de Dieu et reposer à jamais, fût-ce dans une couche ardente. Il devait d'ailleurs avoir aussi son charme, ce moment où l'aiguë et déchirante trompette de l'Archange percerait l'oreille des tyrans. Alors du donjon, du cloître, du sillon, un rire terrible eût éclaté au milieu des pleurs (1). »

Tout en souhaitant la mort, l'humanité vécut cependant. Et, à mesure qu'elle vivait, sa croyance dans la vie s'affermissant, elle sortit de sa torpeur funèbre, elle agit. Néanmoins, quoique rattachés à la terre, les hommes de ce temps-là ne cessèrent de regarder au delà, vers le ciel, leur seconde, leur éternelle, leur vraie patrie, tandis que celle d'ici-bas n'est que transitoire et mensongère. Cette aspiration de l'âme croyante vers la patrie céleste a été l'inspiration du grand art du Moyen Age, l'architecture dite gothique qui, à partir du xe siècle, a couvert la France, puis les autres pays chrétiens, de ses églises aux flèches élancées, aux pierres

(1) *Histoire de France*, tome II.

ouvragées comme une dentelle, chargées d'un peuple de statues.

« Voilà un prodigieux entassement, une œuvre d'Encelade (1). Pour soulever ces rocs à quatre, à cinq cents pieds dans les airs, les géants, ce semble, ont sué. Ossa sur Pélion, Olympe sur Ossa (2)... Mais non, ce n'est pas là une œuvre de géants, ce n'est pas un confus amas de choses énormes, une agrégation inorganique... Il y a eu là quelque chose de plus fort que le bras des Titans. Quoi donc ? le souffle de l'esprit. Ce léger souffle qui passa devant la face de Daniel (3) emportant les royaumes et brisant les empires ; c'est lui encore qui a gonflé les voûtes, qui a soufflé les tours au ciel. Il a pénétré d'une vie puissante et harmonieuse toutes les parties du grand corps ; il a suscité d'un grain de sénevé la végétation de ce prodigieux arbre. L'esprit est l'ouvrier de sa demeure. Voyez comme il travaille la figure humaine dans laquelle il est enfermé ! comme il imprime la physionomie !... De même il fut l'artisan de son enveloppe de pierre, il la façonna à son usage, il la marqua au dehors, au dedans, de la diversité de ses

(1) Encelade, un des Titans foudroyés par Jupiter, enseveli sous l'Etna.

(2) Pélion, Ossa, Olympe, montagnes de la Thessalie (Grèce). L'Ossa est séparé de l'Olympe par la vallée de Tempé.

(3) Daniel, prophète hébreu, emmené en captivité à Babylone avec les Juifs (VIe siècle av. J.-C.).

pensées ; il y dit son histoire, il prit bien garde que rien n'y manquât de la longue vie qu'il avait vécue; il y grava tous ses souvenirs, toutes ses espérances, tous ses regrets, tous ses amours. Il y mit, sur cette froide pierre, son rêve, sa pensée intime. Dès qu'une fois il eut échappé des catacombes de la crypte mystérieuse où le monde païen l'avait tenu, il la lança au ciel, cette crypte ; d'autant plus profondément elle descendit, d'autant plus haut elle monta : la flèche flamboyante échappa comme le profond soupir d'une poitrine oppressée depuis mille ans. Et si puissante était la respiration, si fortement battait ce cœur du genre humain, qu'il fit jour de toutes parts dans son enveloppe; elle éclata d'amour pour recevoir le regard de Dieu. Regardez l'orbite amaigri et profond de la croisée gothique, de cet *œil ogival*, quand il fait effort pour s'ouvrir, au XIIe siècle (1). Cet œil de la croisée gothique est le signe par lequel se classe la nouvelle architecture.... L'art moderne, fils de l'âme et de l'esprit, a pour principe, non la forme, mais la physionomie,

---

(1) *L'ogive* est formée de deux arcs qui se rencontrent, en donnant un arc plus ou moins aigu. C'est la forme caractéristique de l'ordre architectural appelé improprement Gothique (les Goths ne sont pour rien dans son invention), et dont le vrai nom serait l'art français, car il a pris naissance dans l'Ile-de-France. — Sur l'art Gothique, voir Viollet le Duc, *Dictionnaire raisonné de l'architecture française;* Victor Leclerc et Renan, *Histoire littéraire de la France au* XIVe *siècle.* — Sur les défauts, le peu de solidité du Gothique, voir Michelet, *Histoire de France,* tome VII. Introduction : « La déroute du Gothique ».

mais l'œil ; non la colonne, mais la croisée, non le plein, mais le vide. Au XIIe et au XIIIe siècle, la croisée enfoncée dans la profondeur des murs comme le solitaire de la Thébaïde dans une grotte de granit, est toute retirée en soi ; elle médite et rêve. Peu à peu elle avance du dedans au dehors, elle arrive à la superficie extérieure du mur. Elle rayonne en belles roses mystiques triomphantes de la gloire céleste...

« Même progrès dans l'agrandissement successif de l'Eglise. L'esprit, quoi qu'il fasse, est toujours mal à l'aise dans sa demeure ; il a beau l'étendre, la varier et la parer : il n'y peut tenir, il étouffe. Non, tant belle soyez-vous, merveilleuse cathédrale avec vos tours, vos saints, vos fleurs de pierres, vos forêts de marbre, vos grands christs dans leur auréole d'or, vous ne pouvez me contenir. Il faut qu'autour de l'église nous bâtissions de petites églises, qu'elle rayonne de chapelles. Au delà de l'autel, dressons un autel, un sanctuaire derrière le sanctuaire (1)... »

L'esprit du Moyen Age, dont les cathédrales gothiques ont été la forme artistique, s'est manifesté, dans l'ordre politique, par la Croisade. La Croisade est une guerre faite à des infidèles ou à des hérétiques, avec l'assentiment et pour la défense de l'Eglise. Elle tire son nom des croix d'étoffe que les combattants mettaient sur leurs

(1) *Histoire de France*, tome II. Appendice.

vêtements, comme signe de leur engagement. Un grand nombre de Croisades, au Moyen Age, ont eu pour objet la délivrance de Jérusalem et du tombeau de Notre-Seigneur qui étaient aux mains infidèles des Mahométans. On en compte huit principales, de 1095 à 1270. La première (1095-1099) est la plus importante par la masse d'hommes qui s'est précipitée sur l'Asie, par la foi naïve et spontanée qui les entraînait, par la grandeur des résultats. Michelet qui, par son origine, par ses sympathies pour les petits, les pauvres, les humbles, les souffrants, est toujours resté en communion de sentiments avec le peuple, a merveilleusement compris et traduit les sentiments touchants, naïfs, profonds, qui agitèrent, vers 1095, l'âme des masses populaires.

« Dans les extrêmes misères du Moyen Age, les hommes conservaient des larmes pour les misères de Jérusalem. Cette grande voix qui en *l'an mil* (1) les avait menacés de la fin du monde se fit entendre encore, et leur dit d'aller en Palestine pour s'acquitter du répit que Dieu leur donnait. Le bruit courait que la puissance des Sarrasins (2) avait atteint son terme. Il ne s'agissait que

(1) Les terreurs de *l'an mil* ont été fort exagérées. Voir sur ce point *l'An mil* de J. Roy, dans la Bibliothèque des Merveilles (Hachette).

(2) Sarrasins, nom donné aux Musulmans par les écrivains du Moyen Age.

d'aller devant soi par la grande route que Charlemagne (1) avait, disait-on, frayée autrefois, de marcher sans se lasser vers le soleil levant, de recueillir la dépouille toute prête, de ramasser la bonne manne de Dieu. Plus de misère ni de servage ; la délivrance était arrivée. Il y en avait assez dans l'Orient pour les faire tous riches. D'armes, de vivres, de vaisseaux, il n'en était besoin ; c'eût été tenter Dieu. Ils déclarèrent qu'ils auraient pour guides les plus simples des créatures, une oie et une chèvre. Pieuse et touchante confiance de l'humanité enfant !....

« Ce fut alors un spectacle extraordinaire, et comme un renversement du monde. On vit les hommes prendre subitement en dégoût tout ce qu'ils avaient aimé. Leurs riches châteaux, leurs épouses, leurs enfants, ils avaient hâte de tout laisser là. Il n'était besoin de prédication ; ils se prêchaient les uns les autres, dit le contemporain, et de parole et d'exemple. « C'était, continue-t-il, l'accomplissement du mot de Salomon (2) : « Les sauterelles n'ont point de rois, et s'en vont ensemble par bandes (3)... »

La France du Moyen Age, qui doit tant à l'Eglise,

(1) Charlemagne, roi des Francs, Empereur d'Occident (768-814).

(2) Salomon, roi d'Israël, fils de David, vivait au XIe siècle avant J.-C.

(3) *Histoire de France*, tome II.

doit beaucoup aussi à la Royauté. Un peu après le traité de Verdun, alors que la France s'est séparée de la Germanie, apparaît, entre la Seine et la Loire, une famille de propriétaires guerriers, qui s'acquièrent des titres à la reconnaissance des hommes en combattant les pirates Normands, qui ravageaient le pays. L'un des membres de cette famille, le duc de France, Hugues Capet, reçoit d'une assemblée de grands laïques et ecclésiastiques réunis à Senlis, le titre de roi de France, alors vacant par l'extinction des descendants directs de Charlemagne (987). Hugues Capet est le fondateur de cette dynastie capétienne qui, de la France morcelée et féodale d'alors, devait faire un royaume uni et puissant, le premier de la chrétienté au commencement du XIVe siècle.

Humbles furent ses débuts. Hugues Capet et ses premiers successeurs sont de petits seigneurs dont les domaines ne formeraient pas cinq de nos départements actuels de la région entre l'Oise et la Loire, beaucoup moins puissants que leurs grands vassaux de Normandie, d'Aquitaine, de Bourgogne, de Flandre. A la fin du XIe siècle, après la conquête de l'Angleterre par le duc Guillaume de Normandie, la lutte est entre le Capétien et le roi d'Angleterre, qui, à cause de son duché de Normandie, était le vassal du roi de France.

« Le descendant de Guillaume le Conquérant (1), quel qu'il soit, c'est un homme rouge, cheveux blonds et plats, gros ventre, brave et avide, sensuel et féroce, glouton et ricaneur, entouré de mauvaises gens, volant et violant, fort mal avec l'Eglise. Il faut dire aussi qu'il n'a pas si bon temps que le roi de France. Il a bien plus d'affaires ; il gouverne à coups de lance trois ou quatre peuples dont il n'entend pas la langue. Il faut qu'il contienne les Saxons par les Normands, les Normands par les Saxons, qu'il repousse aux montagnes Gallois et Ecossais. Pendant ce temps-là, le roi de France peut de son fauteuil lui jouer plus d'un tour. Il est son suzerain (2) d'abord ; il est fils aîné de l'Eglise, fils légitime ; l'autre est le bâtard, le fils de la violence. C'est Ismaël et Isaac (3). Le roi de France a la loi pour lui, *cette vieille mère avec son frein rouillé, qu'on appelle la loi.* L'autre s'en moque ; il est fort, il est chicaneur, en sa qualité de Normand. Dans ce

(1) Guillaume le Conquérant, duc de Normandie, roi d'Angleterre (1035-1087), a fait la conquête de l'Angleterre en 1066. Il a eu pour successeurs Robert Courte-Heuse (1087-1106), Henri Ier (1106-1135), Mathilde (1135-1150), Henri II Plantagenet (1150-1189), Richard Cœur de Lion (1189-1199), Jean sans Terre (1199-1204). — Voir la *Conquête de l'Angleterre par les Normands* d'Augustin Thierry.

(2) Le suzerain, dans le système féodal, est le seigneur duquel dépendent un ou plusieurs seigneurs.

(3) Ismaël et Isaac, fils du patriarche Abraham ; mais le premier est fils d'Agar, le second de Sarah. Sarah fit chasser Agar et Ismaël après la naissance d'Isaac.

grand mystère du XIIe siècle, le roi de France joue le personnage du bon Dieu, l'autre celui du diable. La légende généalogique le fait remonter d'un côté à Robert le Diable (1), de l'autre à la fée Mélusine (2). « C'est l'usage dans notre famille, disait Richard Cœur de Lion (3), que les fils haïssent le père ; du diable nous venons, et nous retournons au diable. » Patience, le roi du bon Dieu aura son tour. Il souffrira beaucoup sans doute ; il est né endurant : le roi d'Angleterre peut lui voler sa femme et ses provinces ; mais il recouvrera tout un matin. Les griffes lui poussent sous son hermine. Le *saint homme du roi* sera tout à l'heure Philippe-Auguste ou Philippe le Bel (4).

« Il y a dans cette pâle et médiocre figure une force immense qui doit se développer. C'est le roi de l'Eglise et de la bourgeoisie, le roi du peuple et de la loi. En ce sens, il a le droit divin. Sa force n'éclate pas par l'héroïsme ; il grandit d'une végétation puissante, d'une progression continue, lente et fatale comme la nature (5). »

(1) Robert I le Diable, sixième duc de Normandie (1027-1035).

(2) Mélusine, fée célèbre dans le Poitou, représentée sous la forme d'une femme et d'un serpent.

(3) Richard Cœur de Lion, roi d'Angleterre (1189-1199), prit trois fois les armes contre son père Henri II.

(4) Philippe-Auguste II (1180-1223) ; Philippe IV le Bel (1285-1314).

(5) *Histoire de France*, tome II.

Cette royauté capétienne, grandie à l'ombre de l'Eglise, a donné « son idéal, sa fleur et son fruit », dans Louis IX ou saint Louis. De son vivant, commence la mort du Moyen Age avec la dernière croisade, avec la ruine définitive de l'Empire vaincu par la Papauté, avec l'avènement d'un droit nouveau.

« Les revers de la croisade, les scandales dont le siècle abondait, les doutes qui s'élevaient de toutes parts, l'enfonçaient d'autant plus dans la vie intérieure.

« Cette âme tendre et pieuse, blessée au dehors dans tous ses amours, se retirait au dedans et cherchait en soi. La lecture et la contemplation devinrent toute sa vie. Il se mit à lire l'Ecriture et les Pères, surtout saint Augustin (1). Il fit copier des manuscrits, se forma une bibliothèque : c'est de ce faible commencement que la Bibliothèque Royale (2) devait sortir. Il se faisait faire des lectures pieuses pendant le repas, et le soir au moment de s'endormir. Il ne pouvait rassasier son cœur d'oraisons et de prières. Il restait souvent si longtemps prosterné, qu'en se relevant, dit l'historien, il était saisi de vertige, et disait tout bas aux chambellans : « Où suis-je ? » Il craignait d'être entendu de ses chevaliers.

(1) Saint Augustin, évêque d'Hippone, l'un des Pères de l'Eglise Latine (354-430).

(2) La Bibliothèque Royale, aujourd'hui la Bibliothèque Nationale, a pour origine la *librairie* de Charles V dans la tour du Louvre, qui renfermait 910 volumes.

« Mais la prière ne pouvait suffire au besoin de son cœur. « Li benoiez roy désirroit merveilleusement grâce di lermes (larmes), et se compleignoit à son confesseur de ce que lermes li défailloient... »

« Ces pieuses larmes, ces mystiques extases, ces mystères de l'amour divin, tout cela est dans la merveilleuse petite église de saint Louis, dans la Sainte-Chapelle (1), église toute mystique, toute arabe d'architecture, qu'il fit bâtir au retour de la croisade par Eudes de Montreuil, qu'il y avait mené avec lui. Un monde de religion et de poésie, tout un Orient chrétien est en ces vitraux, dans cette fragile et précieuse peinture. Mais la Sainte-Chapelle n'était pas encore assez retirée, et pas même Vincennes, dans ses bois alors si profonds. Il lui fallait la Thébaïde de Fontainebleau, ses déserts de grès et de silex, cette dure et pénitente nature, ces rocs retentissants, pleins d'apparitions et de légendes. Il y bâtit un ermitage dont les murs ont servi de base à ce bizarre labyrinthe, à ce sombre palais de volupté, de crime et de caprice, où triomphe encore la capricieuse fantaisie italienne des Valois (2).

« Saint Louis avait élevé la Sainte-Chapelle pour recevoir la sainte couronne d'épines venue de Constantinople. Aux jours solennels, il la tirait lui-même de la châsse et la montrait au peuple. A son insu, il habituait

(1) La Sainte-Chapelle, à Paris, à côté du Palais de justice.

(2) Les Valois ont régné en France de 1328 à 1589. Michelet fait ici allusion aux Valois-Angoulême, François Ier, Henri II, François II, Charles IX, Henri III (1515-1589).

le peuple à voir le roi se passer de prêtres. Ainsi David (1) prenait lui-même sur la table les pains de proposition. On montre encore, au midi de la petite église, une étroite cellule qu'on croit avoir été l'oratoire de saint Louis.

« Dès le vivant de saint Louis, ses contemporains, dans leur simplicité, s'étaient douté qu'il était déjà saint, et plus saint que les prêtres (2). »

(1) David, roi d'Israël, sacré vers 1056 avant J.-C., mort vers 1016. On appelle *pains de proposition*, dans la Bible, les douze pains qu'on mettait chaque semaine sur la table, dans le sanctuaire. (Littré, Dict. de la langue française.)

(2) *Histoire de France*, tome I.

CHAPITRE VI.

L'HISTOIRE DE FRANCE. LE QUATORZIÈME ET LE QUINZIÈME SIÈCLE. LA PATRIE FRANÇAISE.

Le XIVe et le XVe siècle sont parmi les plus sombres de notre histoire. C'est la fin du Moyen Age et l'apparition encore obscure de l'Age moderne.

Tout ce qui avait fait la grandeur du Moyen Age meurt ou avorte misérablement au XIVe siècle. L'Empire, sans prestige et sans force, n'est plus qu'un titre sonore, dont trafique la cupidité des princes électeurs ; la Papauté, atteinte dans son unité, perd avec le respect des peuples la direction de la chrétienté ; l'Eglise se divise ; l'art gothique se ruine lui-même par l'exagération de la hardiesse, de la subtilité, de la ténuité ; le souffle poétique qui avait produit la grande poésie épique des chansons de geste se raréfie, aboutit à de plates et prosaïques compositions ; grossièreté, gaucherie, laideur, vulgarité sont les traits dominants de cette époque. D'autre part, en France, la royauté victorieuse de la Papauté, fortifiée par trois siècles de patientes acquisitions territoriales, décidément supérieure à la féodalité, prend la forme qu'elle perfectionnera à l'époque moderne, c'est-à-dire celle d'un pouvoir absolu, servi par une hiérarchie de fonctionnaires dépendants et dévoués, appuyé sur une armée permanente et sur un trésor alimenté par des impôts publics. Mais cette transformation ne s'accomplit qu'au prix d'énormes injustices, de beaucoup de violences et de vexations.

Cependant cette triste époque, pleine de sang et de larmes, a vu naître une grande chose, la patrie française.

Le sentiment patriotique qui fait que les habitants d'un même pays se considèrent comme les enfants d'une grande famille, s'aiment les uns les autres, et aiment leur pays plus qu'eux-mêmes, était récent chez les Français. Les Gaulois, divisés en un grand nombre de petits Etats ennemis les uns des autres, ne le connaissaient pas ; et c'est à son absence parmi eux qu'on doit attribuer la facilité de la conquête de la Gaule par les Romains. Les Romains ne donnèrent pas davantage ce sentiment aux Gaulois. Après les invasions barbares, sous les Mérovingiens, on trouve notre pays partagé en plusieurs royaumes : Austrasie, Neustrie, Bourgogne, Aquitaine, qui n'ont guère que des rapports belliqueux. Ces luttes persistent sous l'unité apparente de l'empire de Charlemagne. La chute de cet empire est suivie d'une division encore plus grande que celle des époques précédentes. Au XIe siècle, lorsque le régime féodal est dans son plein, l'idée que les hommes du Nord et ceux du Midi de la France sont les enfants d'une même patrie est entièrement absente : les affections des hommes ne dépassent pas les limites de la ville, du canton, du village ; il y a une multitude de petites patries. La royauté capétienne, en réunissant successivement sous une administration commune les habitants des différentes provinces, disposa les Français à se connaître et à s'aimer. Les Croisades y contribuèrent aussi. Mais c'est au XIVe siècle que le patriotisme se manifeste clairement : l'expression *« un bon Français »* date de ce temps-là. La guerre entre la France et l'Angleterre, qu'on nomme la Guerre de Cent Ans, à l'origine, est une guerre dynastique et féodale, à laquelle le peuple ne prend qu'une part indirecte ; mais, après Crécy et Poitiers (1), lorsque les Compagnies anglaises s'établissent dans les villes et dans les châteaux, pillent les campagnes et maltraitent les paysans, bourgeois et paysans sentent nettement qu'ils ne veulent pas devenir Anglais.

(1) A Crécy en 1346 et à Poitiers en 1356, les Français furent vaincus par les Anglais.

« Le premier signe peut-être de ce nouvel esprit se trouve dès l'an 1359, dans un récit du continuateur de Nangis (1). Ce grave témoin, qui note jour par jour tout ce qu'il voit et entend, sort de sa sécheresse ordinaire pour conter tout au long une de ces rencontres où le peuple des campagnes, laissé à lui-même, commença à s'enhardir contre l'Anglais. Il s'y arrête avec complaisance : « C'est, dit-il naïvement, que la chose s'est passée près de mon pays et qu'elle a été menée bravement par les paysans, par *Jacques Bonhomme* » (2).

« Il y a un lieu assez fort au petit village près Compiègne, lequel dépend du monastère de Saint-Corneille. Les habitants, voyant qu'il y avait péril pour eux, si les Anglais s'en emparaient, l'occupèrent avec la permission du régent et de l'abbé, et s'y établirent avec des armes et des vivres. D'autres y vinrent des villages voisins pour être plus en sûreté. Ils jurèrent à leur

(1) Guillaume de Nangis, moine de l'abbaye de Saint-Denis, mort vers 1302, a laissé une chronique qui s'étend de 1112 à 1301. Cette chronique a deux continuations, une première de 1301 à 1340, rédigée par les moines de Saint-Denis ; une seconde de 1340 à 1368, qui est l'œuvre de Jean de Venette, près Compiègne, religieux de l'Ordre des Carmes. « Cette chronique est l'œuvre d'un contemporain, d'un homme qui a vu la plupart des faits qu'il raconte et qui imprime à son récit un cachet tout personnel. C'est un homme du petit peuple, un ennemi impitoyable des Anglais. » (Extrait d'un article de M. Lacabane, Bibl. de l'Ecole des Chartes, 1re serie, t. III.

(2) Jacques Bonhomme, nom donné aux paysans français. Voir l'*Histoire de Jacques Bonhomme*, dans Augustin Thierry.

capitaine de défendre ce poste jusqu'à la mort. Ce capitaine, qu'ils s'étaient donné du consentement du régent, était un des leurs, un grand et bel homme qu'on appelait Guillaume aux Allouettes. Il avait avec lui pour le servir un autre paysan d'une force de membres incroyable, d'une corpulence et d'une taille énormes, plein de vigueur et d'audace, mais avec cette grandeur de corps ayant une humble et petite opinion de lui-même. On l'appelait le Grand-Ferré. Le capitaine le tenait près de lui *comme sous le frein*, pour le lâcher à propos. Ils s'étaient donc mis là deux cents, tous laboureurs ou autres gens qui gagnaient humblement leur vie par le travail de leurs mains. Les Anglais, qui campaient à Creil, n'en tinrent grand compte et dirent bientôt : « Chassons ces paysans, la place est forte et bonne à prendre ». On ne s'aperçut pas de leur approche, ils trouvèrent les portes ouvertes et entrèrent hardiment. Ceux du dedans, qui étaient aux fenêtres, sont d'abord tout étonnés de voir ces gens armés. Le capitaine est bientôt entouré, blessé mortellement. Alors le Grand-Ferré et les autres se disent : « Descendons, vendons bien notre vie ; il n'y a pas de merci à attendre ». Ils descendent en effet, sortent par plusieurs portes, ils se mettent à frapper sur les Anglais comme s'ils battaient leur blé dans l'aire ; les bras s'élevaient, s'abattaient, et chaque coup était mortel. Le Grand, voyait son maître et capitaine frappé à mort, gémit profondément, puis il se porta entre les Anglais et les siens qu'il dominait également des épaules, maniant une lourde hache, frappant et redoublant si bien qu'il fit place nette ; il n'en touchait pas un qu'il ne fendît le casque ou n'abattît les bras. Voilà tous les Anglais qui se mettent à fuir. Plusieurs sautent dans le fossé et se noient. Le Grand tue leur porte-enseigne, et dit à un de ses camarades de porter la bannière anglaise au fossé. L'autre lui montrant qu'il y avait encore une foule d'ennemis entre lui et le fossé : « Suis-moi donc », dit le Grand. Et il se mit à marcher devant, jouant de la hache à droite et à gauche, jusqu'à ce que la bannière eût été jetée à l'eau..... Il avait tué en ce jour plus de quarante hommes. — Quant au capitaine Guillaume aux Allouettes, il mourut de ses blessures, et ils l'enterrèrent avec bien des larmes, car il était bon et sage... Les Anglais furent encore battus une autre fois. Mais cette fois hors des murs. Plusieurs nobles Anglais furent pris, qui auraient donné de bonnes rançons, si on les eût rançonnés, *comme font les nobles* ; mais on les tua, afin qu'ils ne fissent plus de mal. Cette fois, le Grand, échauffé par cette besogne, but de l'eau froide en quantité, et fut saisi de la fièvre. Il s'en alla à son village, regagna sa cabane et se mit au lit, non toutefois sans garder près de lui sa hache de fer qu'un homme ordinaire pouvait à peine lever. Les Anglais, ayant appris qu'il était malade, envoyèrent un jour douze hommes pour le tuer. Sa femme les vit venir et se mit à crier : « O mon pauvre Grand, voilà les Anglais ! que faire ?... » Lui, oubliant à l'instant son mal, il se lève, prend sa hache, et sort dans la petite cour : « Ah ! brigands, vous venez donc pour me prendre au lit ! Mais vous ne me tenez pas encore.... » Alors, s'adossant à un mur, il en tue cinq en un moment ; les autres s'enfuient. Le Grand se remit au lit ; mais il avait chaud, il but encore de l'eau froide : la fièvre le reprit plus fort et, au bout de quelques jours, ayant reçu les sacrements de l'Eglise, il sortit du siècle, et il fut enterré au cimetière de son village. Il fut pleuré de tous ses compagnons, de tout le pays ; car, lui vivant, jamais les Anglais n'y seraient venus.

« Il est difficile de ne pas être touché de ce naïf récit. Ces paysans qui ne se mettent en défense qu'en demandant permission, cet homme fort et humble, ce bon géant qui obéit volontiers, comme le saint Christophe de la légende, tout cela présente une belle figure du peuple. Ce peuple est visiblement simple et brut encore, impétueux, aveugle, demi-homme et demi-taureau. Il ne sait ni garder ses portes, ni se garder lui-même de ses appétits. Quand il a battu l'ennemi comme blé en grange, quand il l'a suffisamment charpenté de sa hache et qu'il a pris chaud à la besogne, le bon travailleur, il boit froid, et il se couche pour mourir. Patience : sous la rude éducation des guerres, sous la verge de l'Anglais, la brute va se faire homme. Serrée de plus près tout à l'heure, et comme tenaillée, elle échappera, cessant d'être elle-même, et se transfigurant ; Jacques deviendra Jeanne, Jeanne la vierge, la Pucelle.

« Le mot vulgaire, *un bon Français*, date de l'époque des Jacques et de Marcel (1). La Pucelle ne tardera pas à

(1) Etienne Marcel, prévôt des marchands de Paris, l'un des chefs de la révolution parisienne de 1356-1358. Assassiné en 1358.

dire : « *Le cœur me saigne quand je vois le sang d'un Français.* »

« Un tel mot suffirait pour marquer dans l'histoire le vrai commencement de la France. Depuis lors, nous avons une patrie. Ce sont des Français que ces paysans, n'en rougissez pas, c'est déjà le peuple français, c'est vous, ô France (1). »

Le sentiment qui inspirait de pareils dévouements pouvait certainement sauver la France ; mais comme il était épars chez beaucoup de braves gens, isolés les uns des autres, il ne produisait pas tout son effet. Au commencement du XVe siècle, en 1422, année de la mort du pauvre roi Charles VI la situation de la France était pire qu'en 1359. Non seulement les maux que la guerre faisait souffrir au peuple étaient parvenus à leur comble, mais encore le but que les rois d'Angleterre poursuivaient depuis Edouard III semblait définitivement atteint. La couronne de France était placée sur la même tête que celle d'Angleterre : le petit Henri VI, roi de France et d'Angleterre, possédait Paris, et sa domination s'étendait sur les plus riches provinces de France. Son rival, le fils de Charles VI, Charles VII n'était que le *roi de Bour-*

(1) *Histoire de France*, tome III, ch. III.

ges. C'est alors que, sur la frontière de la Lorraine et de la Champagne, dans une humble famille de laboureurs, apparut la belle, brave et sainte fille qui, incarnant en elle l'âme de la patrie, communiquant à tous la foi qui l'animait, sauva la France en délivrant Orléans assiégée par les Anglais et en faisant sacrer Charles VII à Reims.

Jeanne Darc n'a jamais trouvé un historien plus ému, plus éloquent, et en même temps plus clairvoyant que Michelet. Le récit de l'enfance de Jeanne a le charme poétique d'une légende, mais d'une légende réelle et véridique.

« Tandis que les autres enfants allaient avec le père travailler aux champs ou garder les bêtes, la mère tint Jeanne près d'elle, l'occupant à coudre ou à filer. Elle n'apprit ni à lire ni à écrire ; mais elle sut tout ce que savait sa mère des choses saintes. Elle reçut sa religion, non comme une leçon, une cérémonie, mais dans la forme populaire et naïve d'une belle histoire de veillée, comme la foi simple d'une mère.... Ce que nous recevons ainsi avec le sang et le lait, c'est chose vivante, et la vie même....

« Son village était à deux pas des grandes forêts des Vosges (1). De la porte de la maison de son père, elle

(1) Domrémy la Pucelle, où naquit Jeanne Darc en 1412, est un village du département des Vosges, arrondissement de Neufchâteau, sur la rive gauche de la Meuse.

voyait le vieux bois *des chênes*. Les fées hantaient ce bois ; elles aimaient surtout une certaine fontaine près d'un grand hêtre qu'on nommait l'arbre des fées, *des dames*. Les petits enfants y suspendaient des couronnes, y chantaient. Ces anciennes *dames* et maîtresses des forêts ne pouvaient plus, disait-on, se rassembler à la fontaine; elles en avaient été exclues pour leurs péchés. Cependant l'Eglise se défiait toujours des vieilles divinités locales ; le curé, pour les chasser, allait chaque année dire une messe à la fontaine.

« Jeanne naquit parmi ces légendes, dans ces rêveries populaires. Mais le pays offrait à côté une tout autre poésie, celle-ci sauvage, atroce, trop réelle, hélas ! la poésie de la guerre.... La guerre ! ce mot seul dit toutes les émotions ; ce n'est pas tous les jours sans doute l'assaut et le pillage, mais bien plutôt l'attente, le tocsin, le réveil en sursaut, et dans la plaine au loin, le rouge sombre de l'incendie.

« Jeanne eut sa part dans ces romanesque aventures. Elle vit arriver les pauvres fugitifs, elle aida, la bonne fille, à les recevoir, elle leur cédait son lit et allait coucher au grenier. Ses parents furent aussi une fois obligés de s'enfuir. Puis, quand le flot des brigands fut passé, la famille revint et retrouva le village saccagé, la maison dévastée, l'église incendiée.

Elle sut ainsi que c'est la guerre. Elle comprit cet état anti-chrétien ; elle eut horreur de ce règne du diable, où tout homme mourait en péché mortel. Elle se demanda si Dieu permettrait cela toujours, s'il ne mettrait pas un terme à ces misères, s'il n'enverrait pas un libérateur, comme il l'avait fait si souvent pour Israël, un Gédéon (1), une Judith (2). »

Ces aspirations puissantes, mais confuses encore, prirent une forme, un corps.

« Saint Michel (3), « le sévère archange des jugements et des batailles », « les blanches figures des saintes, parmi d'innombrables lumières, la tête parée de riches couronnes, la voix douce et attendrissante à en pleurer, » lui révélèrent sa vocation. « Jeanne, va au secours du roi de France, et tu lui rendras son royaume. » Quelque belles et glorieuses que fussent ces visions, sa vie dès lors avait changé. Elle qui n'avait entendu jusque-là qu'une voix, celle de sa mère, dont la sienne était l'écho, elle entendait maintenant la puissante voix des anges !.... Et que voulait la voix céleste ? Qu'elle délaissât cette mère, cette douce maison. Elle qu'un seul mot décon-

(1) Gédéon, juge d'Israël, vivait au XIIIe siècle avant Jésus-Christ. Il délivra ses compatriotes du joug des Madianites. (Grégoire.) — Judith de Béthulie, héroïne juive, délivra Béthulie assiégée par Holopherne, général du roi d'Assyrie Nabuchodonosor, en assassinant Holopherne pendant son sommeil. (Grégoire.)

(2) *Histoire de France*, tome V, livre X.

(3) On peut compléter le récit de Michelet par la lecture de J. Quicherat, le Procès de Jeanne Darc, et par le récent travail de M. Siméon Luce sur Jeanne Darc à Domrémy (1 vol. Champion édit.). Voir aussi sur Jeanne Darc l'étude de Sainte-Beuve dans les *Causeries du lundi*.

certait, il lui fallait aller parmi les hommes, parler aux hommes, aux soldats. Il fallait qu'elle quittât pour le monde, pour la guerre, ce petit jardin sous l'ombre de l'église, où elle n'entendait que les cloches et où les oiseaux mangeaient dans sa main (1). »

Nous n'avons pas le loisir de suivre Michelet dans le cours de son récit; les traits principaux en sont, du reste, gravés dans la mémoire de tous les Français : les pénibles et hardies démarches qui conduisent Jeanne d'abord à Vaucouleurs, puis à Chinon à la cour de Charles VII, son ascendant imposé aux incrédules et aux sceptiques, la miraculeuse délivrance d'Orléans, le sacre du roi à Reims, les tribulations, les intrigues des courtisans causes de ses premiers revers et qui aboutissent à sa capture devant Compiègne, sa dure captivité, son procès où la subtilité et la mauvaise foi des juges sont impuissantes à confondre son héroïque simplicité, son martyre enfin, tragique et sublime dénouement de cette merveilleuse histoire. Le jugement par lequel Michelet termine son récit est la vérité même, exprimée dans le plus magnifique langage.

« Oui, dit-il, selon la religion, selon la patrie, Jeanne

(1) *Histoire de France*, tome V, livre X.

Darc fut une sainte... Il y a eu bien des martyrs; l'histoire en cite d'innombrables, plus ou moins purs, plus ou moins glorieux. L'orgueil a eu les siens, et la haine et l'esprit de dispute. Aucun siècle n'a manqué de martyrs batailleurs, qui sans doute mouraient de bonne grâce, quand ils n'avaient pu tuer.... Ces fanatiques n'ont rien à voir ici. La sainte fille n'est point des leurs, elle eut un signe à part : bonté, charité, douceur d'âme.

« Elle eut la douceur des anciens martyrs, mais avec une différence. Les premiers chrétiens ne restaient doux et purs qu'en fuyant l'action, en s'épargnant la lutte et l'épreuve du monde. Celle-ci fut douce dans la plus âpre lutte, bonne parmi les mauvais, pacifique dans la guerre même ; la guerre, ce triomphe du diable, elle y porta l'esprit de Dieu.

« Elle prit les armes quand elle sut « la pitié qu'il y avait au royaume de France. » Elle ne pouvait voir « couler le sang français. » Cette tendresse de cœur, elle l'eut pour tous les hommes ; elle pleurait après les victoires et soignait les Anglais blessés.

« Pureté, douceur, bonté héroïque, que cette suprême beauté de l'âme se soit rencontrée en une fille de France, cela peut surprendre les étrangers qui n'aiment à juger notre nation que par la légèreté de ses mœurs. Disons-leur (et sans partialité, aujourd'hui que tout cela est si loin de nous) que sous cette légèreté, parmi ses folies et ses vices même, la vieille France n'en fut pas moins le peuple de l'amour et de la grâce. .

« Le sauveur de la France devait être une femme. La France était femme elle-même. Elle en avait la mobilité, mais aussi l'aimable douceur, la pitié facile et charmante, l'excellence au moins du premier mouvement. Lors même qu'elle se complaisait aux vaines élégances et aux raffinements extérieurs, elle restait au fond plus près de la nature. Le Français, même vicieux, gardait plus qu'aucun autre le bon sens et le bon cœur...

« Puisse la nouvelle France ne pas oublier le mot de l'ancienne : « Il n'y a que les grands cœurs qui sachent combien il y a de gloire à *être bon !* » L'être et rester tel, entre les injustices des hommes et les sévérités de la Providence, ce n'est pas seulement le don d'une heureuse nature, c'est de la force et de l'héroïsme...... Garder la douceur et la bienveillance, parmi tant d'aigres disputes, traverser l'expérience sans lui permettre de toucher à ce trésor intérieur, cela est divin. Ceux qui persistent et vont ainsi jusqu'au bout sont les vrais élus. Et quand même ils auraient quelquefois heurté dans le sentier difficile du monde, parmi leurs chutes, leurs faiblesses et leurs *enfances*, ils n'en resteront pas moins les enfants de Dieu (1) ! »

Le salut de la France assuré par Jeanne Darc fut achevé par Charles VII. A la fin de son règne, les Anglais ne possédaient plus en France que Calais et son territoire. Mais ce n'était pas tout de chasser l'étranger ; restaient encore les ennemis du dedans, je veux dire les seigneurs, grands et

(1) *Histoire de France*, tome V, livre X, chap. III et IV.

petits, qui, pendant la guerre de Cent Ans, s'étaient rendus indépendants, et entre tous, le duc de Bourgogne, qui, par son alliance avec l'Angleterre, avait mis la France à deux doigts de sa perte. Le roi devait donc reconquérir son royaume sur ses vassaux et sur ses sujets, après l'avoir reconquis sur l'étranger. Cette lutte contre la féodalité remplit le règne de Louis XI. Elle commence dès son avènement (1461), et provoque la formation d'une coalition féodale, la Ligue du Bien public. Beaucoup d'historiens ont savamment exposé les intérêts politiques qui ont poussé tel grand vassal (le comte de Charolais, le duc de Bretagne, etc.) à prendre les armes contre le roi : aucun n'a mieux vu que Michelet la cause véritable qui donna une armée aux chefs de la Ligue.

« D'avoir menacé le *droit de chasse*, dit-il, touché à l'épée même, cela suffisait pour le perdre (Louis XI). C'est, selon toute apparence, ce qui donna aux princes une armée contre lui. Autrement, il est douteux que les nobles et petits seigneurs eussent suivi contre le roi la bannière des grands, une bannière depuis bien des années roulée, poudreuse. Mais ce mot, *plus de chasse*, les forêts interdites, l'historiette surtout de l'oreille coupée (1),

(1) Deux chroniqueurs assurent qu'un gentilhomme de Normandie, ayant, au mépris de la volonté du roi, chassé et

c'était un épouvantail à faire sortir de chez lui le plus paresseux hobereau ; il se voyait attaqué dans sa royauté sauvage, dans son plus cher caprice, chassé lui-même sur sa terre, déjà forcé au gîte... Quoi ! aux dernières marches, aux landes de Bretagne ou d'Ardenne, partout le roi, toujours le roi ! Partout, à côté du château, un bailli qui vous force à descendre, à répondre aux clabauderies d'en bas, qui poussera au besoin vos hommes à parler contre vous..... jusqu'à ce que, de guerre lasse, vous ayez tué chiens et faucons, renvoyé vos vieux serviteurs....

« Dès lors, ni cor, ni cris, toujours même silence, sauf la grenouille du fossé qui coasse après vous.... Toute la joie au manoir, tout le sel de la vie, c'était la chasse ; au matin le réveil du cor, le jour la course au bois, et la fatigue ; au soir, le retour, le triomphe, quand le vainqueur siégeait à la *longue* table avec sa bande joyeuse. Cette table où le chasseur posait la tête superbement ramée, la hure énorme, où il refaisait son courage avec la chair des nobles bêtes, tuées à son péril, qu'y servir désormais ? Qu'il fasse donc pénitence, le triste seigneur, qu'il descende aux viandes roturières, ou bien qu'il mange la chair blanche avec les femmes et vive de basse-cour.

« Qui s'y fût résigné, se serait senti déchu de noblesse. Quiconque portait l'épée devait tirer l'épée (1). »

---

pris un lièvre, il le fit prendre lui-même, et lui fit couper l'oreille. Ils ne manquent pas d'assurer que le pauvre homme n'avait chassé que sur sa propre terre.

(1) *Histoire de France*, tome V, livre XIII, chapitre II.

L'imagination de Michelet lui a fait deviner ce que n'avait pu découvrir la méthode plus raisonnable, mais moins pénétrante des autres historiens : il est devenu, pour un moment, le contemporain, l'hôte, le commensal des gentilshommes campagnards et chasseurs du XVe siècle. La même faculté lui a rendu visible l'âme du roi Louis XI.

« Le roi, dit-il, y vivait seul et chichement (à l'hôtel des Tournelles à Paris) ; petit état, froide cuisine. Il avait eu la bizarrerie de s'en tenir aux quelques serviteurs qu'il amenait de Brabant ; il vivait là comme à Genappe (1). Au fait, il n'avait pas besoin d'établissement ; sa vie devait être un voyage, une course par tout le royaume. A peine roi, il prit l'habit du pèlerin, la cape de gros drap gris, avec les trousseaux de voyage, et il ne les ôta qu'à la mort. Campé plus que logé dans ce vaste hôtel des Tournelles, s'agitant, s'ingéniant de mille sortes, « subtiliant jour et nuit nouvelles pensées », personne ne l'eût pris pour l'héritier dans la maison de ses pères. Il avait plutôt l'air d'une âme en peine qui à regret hantait le vieux logis ; à regret, loin d'être un revenant, il semblait bien plutôt possédé du démon de l'avenir.

« S'il sortait des Tournelles, c'était le soir, en hibou, dans sa triste cape grise. Son compère, compagnon et ami (il avait un ami) était un certain Bische, qu'il avait

(1) Dans la Belgique actuelle, où il avait demandé asile au duc de Bourgogne.

mis jadis comme espion près de son père et qu'alors il tenait près du comte de Charolais pour lui faire trahir aussi son père, le duc de Bourgogne, pour faire consentir le vieux duc au rachat des places de la Somme. Louis XI aimait incroyablement ce fils, il le choyait, le couvait... Ce cher Bische, l'intime ami du roi, pouvait entrer chez lui jour et nuit ; les sergents et les huissiers en avaient l'ordre pour lui, pour nul autre ; c'était le seul homme pour qui le roi fût toujours visible, pour qui il ne dormît jamais (1). »

(1) *Histoire de France*, tome VI.

CHAPITRE VII.

L'HISTOIRE DE FRANCE. — LA RENAISSANCE ET LA RÉFORME. — LE XVIIe ET LE XVIIIe SIÈCLE.

Les onze volumes qui traitent de l'histoire de France depuis le XVIe siècle jusqu'à la Révolution diffèrent, par maints côtés, des précédents. Bien des changements s'étaient accomplis en Michelet et autour de lui. Après avoir écrit l'histoire de Louis XI, son activité s'était portée des calmes régions du passé aux orageux débats du présent. Les passions qui agitaient la France dans les dernières années du règne de Louis-Philippe avaient embrasé son âme passionnée. Son enseignement était devenu une arme de combat, sa chaire du Collège de France une tribune du haut de laquelle il lançait à un auditoire tumultueux d'éloquentes paroles de justice, de fraternité, de réforme sociale. Cette participation aux luttes contemporaines, à laquelle l'établissement de la République de 1848 donna une brève satisfaction, tourna finalement au détriment de Michelet, qui fut entraîné dans la ruine de la cause qu'il servait : en 1851, il fut destitué de sa chaire au Collège de France ; en 1852, ayant refusé de prêter le serment de fidélité au second Empire, il fut obligé de quitter les Archives.

Aussi, lorsqu'il reprit en 1855, sous le règne de Napoléon III, son œuvre interrompue en 1843 sous le règne de Louis-Philippe, sa manière de concevoir et d'écrire l'histoire se trouva profondément modifiée. Ce n'était plus seulement un savant et un poète, mais un apôtre et un justicier. Dans le passé, ce qu'il cherchait, c'était l'avenir, un avenir idéal de lumière, de justice et de fraternité. Ceux-là seuls étaient ses hommes, ses héros, qui s'étaient plus ou moins rapprochés de ce but sublime.

Sous l'empire de ces préoccupations passionnées, l'histoire cesse d'être l'œuvre réfléchie de la science pour y prendre l'éloquence d'un plaidoyer et la véhémence d'un pamphlet. Plus d'exposition suivie, de récit continu des événements, mais une série de visions, d'apparitions, tantôt sereines, tantôt douloureuses et grimaçantes. Un grand connaisseur des choses de l'esprit disait que Michelet, dans l'allure brusque et saccadée de son histoire, lui faisait l'effet d'un homme qui sauterait de la flèche de Strasbourg au sommet de la cathédrale de Mayence.

L'imagination est encore plus vive, plus aiguë, plus pénétrante dans cette partie de l'œuvre que dans la précédente ; mais, en se développant, elle a usurpé la place qui appartenait légitimement à la science, à l'esprit critique qui discerne, qui juge, à la froide raison. Le merveilleux mais fragile équilibre entre les facultés du savant et celles du poète qui fait la solide et durable beauté des volumes sur le XIVe et le XVe siècle, est rompu sans retour : le poète et le prophète l'ont emporté sur le savant. Ce n'est pas à dire que Michelet ait cessé d'être un érudit, de consulter les documents imprimés et manuscrits (ses volumes sur le XVIe et le XVIIe siècle sont pleins de vues nouvelles, de découvertes de détail), mais les résultats de son labeur sont subordonnés à la passion qui l'anime : il ne voit dans les textes que ce qu'il veut y voir ; il néglige de parti pris ce qui ne sert pas directement la cause qu'il plaide ; ici il exagère, là il rapetisse sans mesure. Aussi, malgré la vie qui respire dans ces pages, malgré la réalité saisissante de tant de tableaux et de portraits, malgré tant de divinations si justes et si profondes, cette partie de l'Histoire de France n'apporte pas avec elle cette sécurité intellectuelle que donnent au lecteur d'autres œuvres historiques moins brillantes mais plus sages, plus scientifiques : on est entraîné, mais non sans quelque résistance ; on est charmé, séduit, ébloui, mais non convaincu.

Dans cette série de onze volumes, trois sont incontestablement hors ligne. Ce sont eux aussi qui donnent la plus juste idée de la nouvelle manière de Michelet, avec le moindre mélange de défauts. Ces trois volumes, consacrés à l'histoire du XVIe siècle, ont pour titres : la Renaissance, la Réforme, les Guerres de Religion.

Avec le XVIIIe siècle qui vit éclater la Révolution, le XVIe siècle est, pour Michelet, une époque de prédilection dans l'histoire de l'humanité. Rarement le progrès a marché d'un pas aussi rapide ; rarement l'homme a déployé plus d'intelligence et d'énergie pour son affranchissement moral et intellectuel. Le XVIe siècle est un héros, dit Michelet.

Deux grandes révolutions, de conséquences infinies, remplissent le XVIe siècle : l'une intellectuelle, la Renaissance ; l'autre morale et religieuse, la Réforme.

La Renaissance est le réveil de *l'esprit d'invention*, qui, à la fin du Moyen Age, semblait mort et stérilisé. Cette fécondité créatrice de l'esprit humain se manifeste avec une vigueur, une richesse inouïes, dans l'art, dans la littérature, dans la science.

Dans l'art et dans la science, la Renaissance a commencé par un retour à l'antiquité grecque et latine, ignorée ou mal comprise par le Moyen Age.

Les savants se sont mis avec passion à la recherche des manuscrits anciens épars aux quatre coins du monde, enfouis dans les monastères ; des imprimeurs érudits ont consacré leur vie à restituer, à commenter, à divulguer ces trésors de l'antique sagesse.

« Virgile (1) fut imprimé en 1470, Homère en 1488, Aristote en 1498, Platon en 1512.

« Si Pétrarque (2) pleurait de joie en voyant Homère manuscrit, le touchait et le baisait, ne pouvant encore le comprendre, quel aurait été son transport de le voir multiplié dans les nobles caractères de Venise et de Florence, circuler par toute l'Europe, versant à tous la pure lumière du ciel hellénique, la fraîcheur de ses vives eaux, ces torrents de jeunesse qui coulent éternellement des sources de l'Iliade !

« Mais on ne sait plus aujourd'hui les sueurs, les veilles inquiètes que coûtèrent aux grands imprimeurs ces premières publications des manuscrits difficiles, discordants de l'antiquité. Œuvre sainte ! Ceux qui y mirent les premiers la main furent saisis d'une émotion religieuse et d'une anxiété immense. Tels ils allaient les rendre au monde, ces dieux de la pensée, tels il les garderait. Imprimeurs, correcteurs, éditeurs, ils ne dor-

(1) Publius Virgilius Maro, né près de Mantoue en 70 av. J.-C., mort en 19 av. J.-C., l'un des plus grands poètes latins, auteur des Bucoliques, des Géorgiques, de l'Enéide.

(2) Pétrarque (1304-1374), l'un des créateurs de la poésie italienne, célèbre par son poème latin de l'*Africa*, par ses poésies lyriques (Canzones et Sonnets).

maient plus (l'un d'eux trois heures par nuit); ils demandaient à Dieu de réussir, et leur travail était mêlé de prières. Ils sentaient qu'en ces lettres de plomb viles et ternes, était la Jouvence (1) du monde, le trésor d'immortalité (2). »

Le fruit de ces labeurs, ce fut de rattacher l'humanité à la véritable tradition antique, et, par l'intermédiaire de l'antiquité, de la remettre en face de la nature, source de toute science et de tout art. L'antiquité fut l'éducatrice de la Renaissance.

« Combien cette grand'mère, la noble, la sereine, l'héroïque antiquité, parut supérieure à tout ce qu'on connaissait quand on revit, après tant de siècles, sa face vénérable et charmante ! « O mère ! que vous êtes jeune! disait le monde avec des larmes ; de quels attraits imposants nous vous revoyons parée ! Vous emportâtes au tombeau la ceinture éternellement rajeunissante de la mère d'amour... Et moi, pour un millier d'années, me voici tout courbé et déjà sous les rides. »

« Il y eut là, en effet, un mystère amer pour l'humanité. Le nouveau se trouva le vieux, le ridé, le caduc. L'antiquité parut jeune et par son charme singulier, et par un accord profond avec la science naissante. Un sang

(1) Jouvence, Juventa, nymphe d'Italie, que Jupiter métamorphosa en fontaine : ceux qui se baignaient dans ses eaux rajeunissaient. (Grégoire.)

(2) *Histoire de France*, tome VII, chapitre XI.

plus chaud, une flamme d'amour revint dans nos vieilles veines avec le vin généreux d'Homère, d'Eschyle (1) et de Sophocle. Et non moins viril qu'enchanteur, le génie grec guidait Copernic (2) et Colomb (3) ; Pythagore (4) et Philolaüs (5) leur enseignaient le système du monde ; Aristote (6) leur garantissait la rotondité de la terre ; Platon (7) leur montrait l'Occident et désignait les Hespérides (8).

« Est-ce tout? Non, notre cœur demandait à l'antiquité autre chose que l'Amérique, autre chose que la science ou le charme littéraire. Nous lui demandions surtout de désemprisonner nos âmes, de nous faire respirer mieux,

(1) Eschyle, poète tragique grec (environ 525-456 av. Jésus-Christ).

(2) Copernic, mathématicien et astronome, né à Thorn (1473-1543), a découvert et prouvé le double mouvement des planètes et de la terre sur elles-mêmes et autour du soleil.

(3) Christophe Colomb (1436-1506) a découvert l'Amérique en 1492.

(4) Pythagore, philosophe et mathématicien grec (environ 569-470 av. Jésus-Christ).

(5) Philolaüs, philosophe pythagoricien, vivait dans la seconde moitié du v° siècle avant Jésus-Christ.

(6) Aristote, philosophe grec, génie encyclopédique (384-322 avant Jésus-Christ).

(7) Platon, philosophe grec (429-347 avant Jésus-Christ), a exercé, dans l'antiquité et au moyen âge, une influence rivale de celle d'Aristote.

(8) Les Hespérides, séjour à demi fabuleux, imaginé par les anciens et placé tour à tour à l'ouest de la Cyrénaïque (aujourd'hui Barkah), au pied de l'Atlas, dans la Mauritanie, aux îles Fortunées (Canaries).

d'accorder à nos poitrines l'élargissement d'une moralité plus douce et vastement humaine, non liée à la formule byzantine, obscure (1) de Nicée. Nous lui demandions non pas de briser l'autel, mais de l'étendre ; non de supprimer les saints, mais de les multiplier...

« Saint Virgile, priez pour moi ! » Moi-même j'avais ce mot à cœur bien avant de savoir qu'un autre a parlé ainsi au XVIe siècle. Et qui plus que moi a droit de le dire, moi élevé sur vos genoux, qui n'eus si longtemps nul autre aliment que l'antiquité adoucie par vous ; moi qui vécus de votre lait avant de boire dans Homère le vin, le sang et la vie ? Mes heures de mélancolie, jeune, je les passai près de vous ; vieux, quand les pensées tristes viennent, d'eux-mêmes ces rythmes aimés chantent encore à mon oreille ; la voix de la douce sibylle suffit pour éloigner de moi le noir essaim des mauvais songes (2).

L'Italie est la terre classique de la Renaissance : c'est là qu'elle a commencé dès la fin du XIIIe siècle, c'est là qu'elle a produit ses fruits les plus exquis. Les autres pays de l'Europe n'ont eu leur Renaissance qu'à la suite de l'Italie. En France, la Renaissance jette tout son éclat sous François Ier et sous Henri II. François Ier, qu'on a surnommé le

(1) Le symbole de Nicée ou symbole des apôtres, profession résumée du dogme catholique, arrêtée au concile œcuménique tenu à Nicée (Asie-Mineure) en 325.

(2) *Histoire de France*, tome VII, chap. XI.

Père des lettres, s'est entouré de savants, de poètes (poète lui-même); il a fondé le Collège de France pour l'enseignement des sciences nouvelles; il a surtout aimé, attiré, protégé les peintres, les sculpteurs, les architectes. Le palais de Fontainebleau, son séjour préféré sur le déclin de sa vie, est un exemplaire choisi de l'art français de la Renaissance.

« Les vastes paysages de la Loire, les déserts de la Sologne (1), qui plaisaient au roi cavalier et lui firent si tristement placer sa féerie de Chambord (2), n'allaient plus au promeneur valétudinaire. Il lui fallait une nature plus resserrée et exquise. Il aimait Fontainebleau (3).

« Harmonie d'âge et de saison, Fontainebleau est surtout un paysage d'automne le plus original, le plus sauvage et le plus doux, le plus recueilli. Ses roches chaudement soleillées où s'abrite le malade, ses ombrages fantastiques empourprés des teintes d'octobre qui font rêver avant l'hiver ; à deux pas la petite Seine entre des raisins dorés, et c'est un délicieux dernier nid pour

(1) Sologne, pays de marais, d'étangs et de landes, dans l'Orléanais, au sud de la Loire.

(2) Le château de Chambord, construit par François Ier, à 15 kilomètres de Blois (Loir-et-Cher), sur le Cosson.

(3) La description de Fontainebleau a souvent tenté les artistes modernes. Comparez à Michelet celles de Sénancour (*Obermann*), Taine (*Vie et opinions de Thomas Graindorge*, Gustave Flaubert (*l'Education sentimentale*).

reposer et boire ce qui resterait de la vie, une goutte réservée de vendange.

« Si vous aviez quelque malheur, où chercheriez-vous un asile et les consolations de la nature ? — J'irais à Fontainebleau. — Mais si vous étiez très heureux ? — J'irais à Fontainebleau. »

« Ce mot d'une femme d'esprit peut être senti de tous. Mais ce sont pourtant les blessés, surtout les blessés du cœur, qui ont affectionné ce lieu. Saint Louis, dans ses tristesses profondes sur la ruine du Moyen Age, vient prier dans cette forêt. Louis XIV, vaincu, fuit Versailles, ses triomphes en peinture qui ne sont plus qu'ironie, et cherche à Fontainebleau un peu de silence et d'ombre.

« Là aussi François Ier, découragé des guerres lointaines, veuf de son rêve, l'Italie, se fait une Italie française. Il y refait les galeries, les promenoirs élégants, commodes et bien exposés, des villas lombardes qu'il ne verra plus. Il y fait sa galerie d'Ulysse. Son Odyssée (1) est finie. Il accepte, la destinée le voulant ainsi, son Ithaque. »

Les artistes italiens, chassés d'Italie par l'établissement de la domination espagnole, trouvent asile et faveur auprès de François Ier et travaillent à l'ornement du palais.

« Dans la matière la plus rebelle, le grès de Fontaine-

(1) L'Odyssée est un poème homérique qui raconte les aventures d'Ulysse après la prise de Troie et son retour dans son royaume d'Ithaque.

bleau, ils trouvent des effets imprévus, singulièrement en rapport avec le mystère du paysage, avec l'obscure et sombre énigme de la politique des rois. De là ces Mercures, ces mascarons effrayants de la *Cour ovale* ; de là ces Atlas surprenants qui gardent les bains dans la *Cour du Cheval-Blanc*, hommes-rochers qui cherchent encore depuis trois cents ans leur forme et leur âme, témoignant du moins qu'en la pierre il y a le rêve inné de l'être et la velléité de devenir. A côté des sculpteurs les peintres comme Primatice (1), Nicolas del Abbatte, le Rosso. Le Rosso ôta la bride à son coursier effréné. N'ayant affaire qu'à un maître qui ne voulait qu'amusement, qui disait toujours : *Osez*, il a, pour la petite galerie favorite du malade, fondu tous les arts ensemble dans la plus fantasque audace. Rien n'est plus fou, plus amusant. Triboulet (2), Brusquet (3), sans nul doute, ont donné leurs

(1) François I et Henri II appelèrent plusieurs artistes italiens pour travailler au palais de Fontainebleau. — Le Primatice, peintre, sculpteur et architecte, né à Bologne (1496-1570). — Nicolas del Abbatte, de Modène, peintre, appelé en France vers 1552, mort en 1571. — Le Rosso ou maître Roux, architecte et peintre de l'Ecole Florentine (1496-1541). Une grande partie des peintures de ces artistes et de leurs élèves ont été altérées par le temps ou détruites par les artistes qui ont essayé de les restaurer. Il reste encore la plus grande partie de la galerie de Henri II, œuvre du Primatice, quelques fragments de la galerie de François I et un tableau de la chambre d'Alexandre, œuvres du Rosso et del Abbatte.

(2) Triboulet, fou de Louis XII et de François I.

(3) Brusquet, fou de la cour de France, mort en 1565.

sages conseils. Le beau, le laid, le monstrueux, s'arrangent pourtant sans disparate. »

Les artistes français élevés à l'école des Italiens, mais bientôt maîtres à leur tour, ont aussi laissé leur trace immortelle sur les murs du palais. Tel, entre tous,

« Ce magicien Jean Goujon (1), qui donnait aux pierres la grâce ondoyante, le souffle de la France, qui sut faire couler le marbre comme nos eaux indécises, lui donna le balancement des grandes herbes éphémères et des flottantes moissons. De lui sont les cariatides qui ornent la chambre de la duchesse d'Etampes (2). Où a-t-il pris ces corps charmants, si peu proportionnés, nymphes étranges, improbables, infiniment longues et flexibles? Sont-ce les peupliers de Fontainebleau, les joncs de son

(1) Jean Goujon, l'un des plus grands sculpteurs français de la Renaissance. Sa vie est très mal connue. Une tradition veut qu'il ait été victime de la Saint-Barthélemy (1572). Associé par Pierre Lescot à l'ornementation du Louvre, il multiplie ses chefs-d'œuvre à l'intérieur et à l'extérieur du palais (de 1555 à 1562). Il est l'auteur des quatre statues de femmes qui soutiennent la tribune de marbre blanc dans la salle des Cariatides, de la gracieuse fontaine des Innocents, de la grande statue de Diane chasseresse, pour laquelle a posé Diane de Poitiers, etc.

(2) Favorite de François I.

ruisseau, ou les vignes de Thomery (1) dans leurs capricieux rameaux, qui ont revêtu la figure humaine? Les rêves de la forêt, *les songes d'une nuit d'été* (2), qui ne se laissaient voir que dans le sommeil, pour être regrettés au matin, ont été saisis au passage par cette main vive et délicate. Les voilà, ces nymphes charmantes, captives, fixées par l'art; elles ne s'envoleront plus (3). »

La Réforme est l'autre grande révolution du XVIe siècle dont l'Allemagne a été le berceau, comme l'Italie celui de la Renaissance. Le fondateur de la Réforme est le moine saxon Martin Luther (4). Luther est un des héros de ce siècle héroïque: héros simple, bon, profondément humain.

« A l'âge de trente-six ans, il était extrêmement maigre, avec la tête carrée, plus carrée que gracieuse, de la vraie race allemande. Ses yeux, il est vrai, étaient admirables; il y roulait constamment des éclairs joyeux et terribles, comme la foudre rit au haut des cieux.

« Heureusement, il était, de nature et foncièrement, un homme du peuple et de travail, disons le mot, un ou-

(1) Thomery, village voisin de Fontainebleau, fameux par son raisin chasselas.

(2) Allusion à la féerie de Shakespeare.

(3) *Histoire de France*, tome VIII, chap. XIX.

(4) Fils d'un mineur d'Eisleben, dans la forêt de Thuringe, en Saxe (1483-1546).

vrier, comme son père le mineur, un bon et loyal forgeron de Dieu. »

Le trait caractéristique de la nature morale de Luther, c'est une bonhomie héroïque et joyeuse. Michelet l'avait déjà discerné et mis en lumière lorsque, en 1835, il avait publié des extraits des œuvres du Réformateur sous le titre de *Mémoires de Luther*. Il y revient avec une éloquence enthousiaste dans son volume sur la Réforme.

« La bénédiction de Dieu qui était en Luther apparut en ceci surtout, que, le premier des hommes depuis l'antiquité, il eut la *joie* et le rire héroïque.

« Elle brilla, rayonna en lui, sous toutes les formes. Il eut ce grand don au complet.

« La joie de l'inventeur, heureux d'avoir trouvé et heureux de donner, celle qui sourit dans les dialogues de Galilée (1), qui éclate d'un naïf orgueil dans Linnée (2), dans Képler (3).

« La joie du combattant au moment des batailles, sa co-

(1) Galilée, mathématicien et astronome italien, inventeur du télescope (1564-1642).

(2) Linnée, grand naturaliste suédois (1707-1778).

(3) Képler, mathématicien et astronome allemand, a formulé les lois du mouvement des planètes (1571-1630).

lère magnifique, d'un rire vainqueur, plus fort que les trompettes dont Josué (1) brisa Jéricho.

« La joie du vrai fort, du héros, ferme sur le roc de la conscience, serein contre tous les périls et tous les maux du monde. Tel le grand Beethoven (2), quand, vieux, isolé, sourd, d'un colossal effort, il fit l'*Hymne à la Joie*.

« Et par-dessus ces joies de la force, Luther eut celles du cœur, celles de l'homme, le bonheur innocent de la famille et du foyer. Quelle famille plus sainte et plus pure ?.... Table sacrée, hospitalière, où moi-même, si longtemps admis, j'ai trouvé tant de fruits divins dont mon cœur vit encore !... Avec son petit Jean Luther, je m'en allais suivant le bon docteur au verger où, tendrement, gravement, il prêchait les oiseaux, ou bien encore dans les blés mûrs qui le faisaient pleurer de reconnaissance et d'amour de Dieu (3). »

Bien différent est le génie de l'auteur de la Réforme française, Calvin (4).

« Né Picard, d'un pays fécond en révolutionnaires, en bouillants amis de l'humanité, né peuple et petit-fils

(1) Josué, chef des Hébreux après Moïse, s'empara de la ville de Jéricho au bout de sept jours et conquit le pays de Chanaan.

(2) Beethoven, grand musicien allemand (1770-1827).

(3) *Histoire de France*, tome VIII, chap. v.

(4) Calvin (1509-1564).

d'un simple tonnelier, fils d'un greffier de Noyon, qui, tour à tour, travailla dans les deux justices, ecclésiastique et civile, il se trouve avoir en naissant un pied dans le Droit, un pied dans l'Eglise. On lui donne à douze ans une sinécure cléricale, qu'il jette bientôt avec le désintéressement altier de Rousseau (1) ou de Robespierre (2). Il vit de peu, de rien, pauvre jusqu'à la mort.

« C'était un travailleur terrible, avec un air souffrant, une constitution misérable et débile, veillant, s'usant, se consumant, ne distinguant ni nuit ni jour. Il était fort timide, défiant, ombrageux, seul et caché tant qu'il pouvait. Pour le tirer de là, il fallait un coup imprévu, une manifeste nécessité morale, la violence du ciel et de la conscience, si j'osais dire, la tyrannie de Dieu. »

En 1534, il publie l'*Institution Chrétienne*, dans laquelle il expose la doctrine protestante et qui sépare nettement les protestants des sectaires anabaptistes.

---

(1) Jean-Jacques Rousseau, né à Genève en 1712, mort en 1778. L'un des grands écrivains français du XVIIIe siècle, il a jeté les bases de la philosophie sociale moderne dans le *Contrat social.*

(2) Maximilien Robespierre, né à Arras en 1759, mort en 1794, député aux Etats-Généraux en 1789 et à la Convention nationale, le chef de la secte Jacobine. Du 31 mai 1793 au 27 juillet 1794 (9 thermidor an II), Robespierre a exercé une véritable dictature.

« Si l'acte était hardi, la forme ne l'était pas moins. C'était une langue inouïe, la nouvelle langue française. Vingt ans après Comines (1), trente ans avant Montaigne (2), déjà la langue de Rousseau.... Langue sobre et forte, étonnamment pure, triste, amère, mais robuste et déjà toute armée. Son plus redoutable attribut, c'est sa pénétrante clarté, son extrême lumière, d'argent, plutôt d'acier, d'une lame qui brille, mais qui tranche.

« On sait que cette lumière vient du dedans, du fond de la conscience, d'un cœur âprement convaincu, dont la logique est l'aliment. On sent qu'il vit de la raison, qu'il parle pour lui-même, et ne donne rien à l'apparence ; qu'il sue à bon escient et se travaille pour se faire un solide raisonnement dont il puisse vivre, et que s'il n'a raison, il meurt (3). »

Genève, où Calvin se fixa par devoir, non par goût, qu'il réforma, qu'il façonna à l'image du sévère exemplaire qu'il portait dans son âme, devint le centre actif où se formèrent les disciples qui répandirent la foi nouvelle en Suisse, en France, aux Pays-Bas, en Ecosse.

(1) Philippe de Comines (1445-1509), conseiller de Charles le Téméraire, de Louis XI et de Charles VIII, a écrit des Mémoires sur les règnes de Louis XI et de Charles VIII.

(2) Montaigne, moraliste français, auteur des *Essais* (1533-1592).

(3) *Histoire de France*, tome IX.

« Ville étonnante où tout était flamme et prière, lecture, travail, austérité. Quel était le ravissement de ceux qui, ayant réussi à fuir la terre idolâtrique, atteignaient la cité bénie ! De quel œil tous ces fugitifs, ayant, par bonheur incroyable, passé la route de Lyon, suivi l'âpre vallée du Rhône, voyaient-ils le clocher sauveur ! Nombre de familles illustres laissaient tout, bravaient tout, pour parvenir à Genève. Les Poyet (1), les Robert Estienne (2), la veuve, les enfants de Budé (3), cherchèrent cette nouvelle patrie. Plus d'un confesseur de la foi y apportait ses cicatrices. L'intrépide, l'indomptable Knox (4), après huit années passées aux galères de France, les bras sillonnés par les chaînes, le dos labouré par le fouet, avant ses grands combats d'Ecosse, venait s'asseoir encore un jour au pied de la chaire de Calvin.

« Tout affluait à cette chaire, et de là aussi tout partait (5). »

(1) Guillaume Poyet, magistrat français (1474-1548), chancelier de France en 1538. Poursuivi par les ressentiments de la duchesse d'Etampes, favorite du roi François I, il fut mis à la Bastille (1542) et dégradé de sa charge de chancelier (1545).

(2) Les Estienne, célèbres imprimeurs français au XVIe et au XVIIe siècle : Henri Ier (1470-1521) ; Robert Ier, second fils de Henri (1503-1559) ; Henri II, fils de Robert (1528-1598).

(3) Guillaume Budé, helléniste et philologue français, décida François I à fonder le Collège de France (1467-1540).

(4) John Knox, prêtre écossais, le réformateur de l'Ecosse, le fondateur de l'Eglise presbytérienne (1505-1572).

(5) *Histoire de France*, tome IX, ch. V.

CHAPITRE VIII.

L'HISTOIRE DE FRANCE. — LA RÉVOLUTION.

Michelet, dans la Préface de l'Histoire de France, raconte comment il fut amené à interrompre l'histoire des siècles monarchiques pour écrire celle de la Révolution.

« Un jour, dit-il, passant à Reims, je vis en grand détail la magnifique cathédrale, la splendide église du Sacre.

« La corniche intérieure, où l'on peut circuler dans l'église à 80 pieds de hauteur, la fait voir ravissante, de richesse fleurie, d'un alleluia permanent. Dans l'immensité vide on croit toujours entendre la grande clameur officielle, ce qu'on disait la voix du peuple. On croit voir aux fenêtres les oiseaux qu'on lâchait, quand le clergé, oignant le roi, faisait le pacte du trône et de l'Église. Ressortant au dehors sur les voûtes dans la vue immense qui embrasse toute la Champagne, j'arrivai au dernier petit clocher, juste au-dessus du chœur. Là un spectacle étrange m'étonna fort. La ronde tour avait une guirlande de suppliciés. Tel a la corde au cou. Tel a perdu l'oreille. Les mutilés y sont plus tristes que les morts. Combien ils ont raison ! quel effrayant contraste ! Quoi ! l'église des fêtes, cette mariée, pour collier de noces, a pris ce lugubre ornement ! ce pilori du peuple est placé au-dessus de l'autel. Mais ses pleurs n'ont-ils pu, à travers les voûtes, tomber sur la tête des rois ? Onction redoutable de la Révolution, de la colère de Dieu ! « Je ne comprendrai pas les siècles monarchiques, si d'abord, avant tout, je n'établis en moi l'âme et la foi du peuple. » Je m'adressai cela, et après Louis XI, j'écrivis la Révolution (1845-1853). »

Cette histoire est donc un acte de foi. Dans la Révolution Michelet cherche la lumière qui éclairera pour lui le passé et l'avenir de la France. Au début, il inscrit ces paroles qui donnent la clef de son œuvre : « Je définis la Révolution, l'avènement de la Loi, la résurrection du Droit, la réaction de la Justice ».

Ce parti pris, cette préoccupation excluent naturellement l'impartialité et la liberté d'esprit qu'on est en droit d'attendre de la part d'un historien philosophe. Michelet n'est pas de sang-froid en poursuivant ses recherches fiévreuses à travers les papiers jaunis des archives, en écrivant ces pages trempées de larmes. Il est devant la Révolution comme un prêtre devant son dieu : malheur aux vivants ou aux morts qui ont blasphémé le dieu, voilé ou profané l'autel !

Le retentissement des événements du dehors a augmenté ce trouble intérieur. « Cette œuvre laborieuse, dit Michelet, qui a rempli huit années de ma vie, n'a pas eu la bonne fortune des improvisations venues en temps paisible. Elle a été écrite en plein événement. » En effet, l'histoire de la première Révolution a été commencée au moment où se préparait une révolution qui allait renverser la monarchie de Juillet et établir, pour la seconde fois, la République en France ; elle a été terminée lorsque la République, fondée en 1848, succombait sous un coup d'Etat militaire et cédait la place à l'Empire. Toutes les péripéties qu'a traversées la France dans ces années orageuses ont leur reflet et leur écho dans les sept volumes qui composent l'Histoire de la Révolution : dans les deux premiers l'enthousiasme, l'ardeur, la confiance, la crédulité, les illusions généreuses que partageaient les auditeurs du Cours d'histoire du Collège de France et les révolutionnaires de février 1848 ; dans les derniers, écrits près de Nantes, dans une petite maison solitaire, au bruit des vents et des tempêtes, les tristesses des espérances déçues, le deuil de la liberté perdue.

Cette œuvre de foi, cette histoire, qui tantôt semble une large épopée, tantôt une ode, un chant lyrique sublime et véhément, est loin d'être, cependant, une improvisation. L'érudition, la science, qui est aussi la conscience, la probité de l'historien, ne perdent jamais leurs droits chez Michelet.

Son livre repose sur d'immenses recherches. Comme les six premiers volumes de l'Histoire de France, il est sorti des archives. « Je l'écrivis, dit Michelet, six ans (1845-1850), dans ce dépôt central, où j'étais chef de la section historique. Après le 2 décembre, j'y mis deux ans encore, et l'achevai aux archives de Nantes, tout près de la Vendée, dont j'exploitais aussi les précieuses collections. » Deux autres grands dépôts lui ont fourni de précieux documents, « pour chaque événement capital, des récits très divers et de nombreux détails qui se complètent et se contrôlent », le dépôt de l'Hôtel-de-Ville et celui de la Préfecture de police.

« Je trouvais quelquefois le signet à la page où Chaumette (1) ou tel autre le mit au dernier jour. Telle phrase, dans le rude registre des Cordeliers (2), ne s'est

(1) Chaumette, révolutionnaire français, fut procureur syndic de la commune de Paris (1763-1794).

(2) Le club des Cordeliers s'établit en 1790 dans la chapelle du couvent des Cordeliers (aujourd'hui dépendance de l'École de médecine), à Paris. Danton, Camille Desmoulins, Marat, Hébert, Chaumette en furent les principaux chefs.

pas achevée, coupée brusquement par la mort. La poussière du temps reste. Il est bon de la respirer, d'aller, venir, à travers ces papiers, ces dossiers, ces registres. Ils ne sont pas muets, et tout cela n'est pas si mort qu'il semble. Je n'en touchais jamais sans que certaine chose en sortît, s'éveillât... C'est l'âme (1). »

Pour interpréter ces documents, pour ramener les héros de la Révolution à la lumière, à la vie et à la voix, outre sa pénétrante intelligence et son imagination évocatrice, Michelet avait auprès de lui la tradition vivante dans la personne de son père, témoin, acteur des grandes journées de la Révolution, qui avait monté la garde à la tour du Temple, où était détenue la famille royale, qui avait assisté à l'exécution de Louis XVI. A la fin de sa préface de 1847, Michelet lui rend ce touchant hommage : « Comme tout se mêle en la vie, pendant que j'avais tant de bonheur à renouveler la tradition de la France, la mienne s'est rompue pour toujours. J'ai perdu celui qui si souvent me conta la Révolution, celui qui était pour moi l'image et le témoin vénérable du grand siècle, je veux dire du XVIIIe. J'ai perdu mon père, avec qui j'avais vécu toute ma vie, quarante-huit années. »

(1) *Histoire de la Révolution française.* Edition Lacroix. Paris, 1869, tome I. Préface de 1868.

Par son père, par les origines de sa famille Michelet plongeait au foyer, au cœur, à l'âme même de la Révolution, je veux dire dans la profonde masse populaire.

« Plus j'ai creusé, dit-il, plus j'ai trouvé que le meilleur était dessous, dans les profondeurs obscures. J'ai vu aussi que ces parleurs brillants, puissants, qui ont exprimé la pensée des masses, passent à tort pour les seuls acteurs. Ils ont reçu l'impulsion bien plus qu'ils ne l'ont donnée. *L'acteur principal est le peuple...* A mesure que je suis entré profondément dans cette étude, j'ai vu que les chefs de parti, les héros de l'histoire convenue, n'ont ni prévu, ni préparé, qu'ils n'ont eu l'initiative d'aucune des grandes choses, d'aucune spécialement de celles qui furent l'œuvre unanime du peuple au début de la Révolution. Laissé à lui-même dans ces moments décisifs, par ses prétendus meneurs, il a trouvé ce qu'il fallait faire, et l'a accompli (1). »

Le peuple est le héros de l'histoire de la Révolution. Les plus belles pages de l'œuvre sont celles où ce grand acteur anonyme, sortant de son silence et de son obscurité, apparaît à la pleine lumière de l'histoire, tantôt irrité et superbe comme au 14 juillet 1789, tantôt fraternel et confiant

(1) *Histoire de la Révolution*, tome I. Préface de 1847.

comme dans les fédérations de juillet 1789 à juillet 1790, tantôt furieux et terrible comme au 10 août 1792.

Le récit des Fédérations qui unirent les villages, les villes, les départements, la France entière enfin, dans un élan spontané d'enthousiasme, de sympathie et d'espérance, a la beauté d'une large et simple idylle : c'est l'âme même de la Révolution populaire saisie dans sa pureté et sa bonté premières.

« La plupart des fédérations ont elles-mêmes conté leur histoire. Elles l'écrivaient à leur mère, l'Assemblée nationale, fidèlement, naïvement, dans une forme bien souvent grossière, enfantine ; elles disaient comme elles pouvaient ; qui savait écrire, écrivait. On ne trouvait pas toujours dans les campagnes de scribe habile qui fût digne de consigner ces choses à la mémoire. La bonne volonté suppléait... Vénérables monuments de la fraternité naissante, actes informes mais spontanés, inspirés, de la France, vous resterez à jamais pour témoigner du cœur de nos pères, de leurs transports, quand pour la première fois ils virent la face trois fois aimée de la patrie.

« J'ai retrouvé tout cela, entier, brûlant, comme d'hier au bout de soixante années ; quand j'ai récemment ouvert ces papiers, que peu de gens avaient lus, à la première ouverture, je fus saisi de respect ; je ressentis une chose singulière, unique, sur laquelle on ne peut pas se méprendre. Ces récits enthousiastes adressés à la patrie (que représentait l'Assemblée), ce sont des lettres d'amour.

« Rien d'officiel ni de commandé. Visiblement, le cœur parle. Ce qu'on y peut trouver d'art, de rhétorique, de déclamation, c'est justement l'absence d'art, c'est l'embarras du jeune homme qui ne sait comment exprimer les sentiments les plus sincères, qui emploie les mots des romans, faute d'autres, pour dire un amour vrai. Mais, de moment en moment, une parole arrachée du cœur proteste contre cette impuissance de langage, et fait mesurer la profondeur réelle du sentiment..... Tout cela verbeux : eh ! dans ces moments, comment finit-on jamais ? Comment se satisfaire soi-même ?... Le détail matériel les a fort préoccupés ; nulle écriture assez belle, nul papier assez magnifique, sans parler des somptueux petits rubans tricolores pour relier les cahiers.

« Ce qui me toucha, me pénétra d'attendrissement et d'admiration, c'est que dans une telle variété d'hommes, de caractères, de localités, avec tant d'éléments divers, qui la plupart étaient hier étrangers les uns aux autres, souvent même hostiles, il n'y a rien qui ne respire le pur amour de l'unité.

« Où sont donc les vieilles différences de lieux et de races, ces oppositions géographiques, si fortes, si tranchées ? Tout a disparu, la géographie est tuée. Plus de montagnes, plus de fleuves, plus d'obstacles entre ces hommes... Les voix sont diverses encore, mais elles s'accordent si bien qu'elles ont l'air de partir d'un même lieu, d'une même poitrine... Tout a gravité vers un point, et c'est ce point qui résonne, tout part à la fois du cœur de la France...

Les nobles harmonies de la famille, de la nature, de la patrie, suffisent pour remplir ces fêtes d'un intérêt religieux, pathétique.

« Le vieillard d'abord préside. Le vieillard, entouré d'enfants, a pour enfants tout le peuple. La musique l'amène et le reconduit. A la grande fédération de Rouen, où parurent les gardes nationales de soixante villes, on alla chercher jusqu'aux Andelys, pour présider l'assemblée, un vieux chevalier de Malte (1), âgé de 85 ans. A Saint-Andéol, l'honneur de prêter serment à la tête de tout le peuple fut déféré à deux vieillards de 93 et 94 ans. L'un noble, colonel de la garde nationale, l'autre simple laboureur. Ils s'embrassèrent sur l'autel, en remerciant le ciel d'avoir vécu jusque-là.

« Le peuple, ému, crut voir dans ces deux hommes vénérables l'éternelle réconciliation des partis. Ils se jetèrent tous dans les bras les uns des autres, se prirent par la main; une farandole immense, embrassant tout le monde sans exception, se déroula par la ville, dans les champs, vers les montagnes d'Ardèche et vers les prairies du Rhône; le vin coulait dans les rues, les tables y étaient dressées, et les vivres en commun. Tout le peuple en-

(1) Ordre de Malte. Ordre religieux et militaire remontant au XIe siècle, sous le nom d'Hospitaliers de Saint-Jean de Jérusalem, établi successivement en Palestine, à Chypre, à Rhodes, enfin à Malte (1530).

semble mangea le soir cette agape en bénissant Dieu.

Partout, le vieillard à la tête du peuple, siégeant à la première place, planant sur la foule. Et autour de lui, les filles, comme une couronne de fleurs. Dans toutes ces fêtes, l'aimable bataillon marche en robe blanche, ceinture *à la nation* (cela voulait dire tricolore). Ici l'une d'elles prononce quelques paroles nobles, charmantes, qui feront des héros demain. Ailleurs (dans la procession civique de Romans en Dauphiné), une belle fille marchait tenant à la main une palme, et cette impression : *Au meilleur citoyen !...*

(Les femmes), appelées ou non appelées, prirent la plus vive part aux fêtes de la fédération. Dans je ne sais quel village, les hommes s'étaient réunis seuls dans un vaste bâtiment, pour faire ensemble une adresse à l'Assemblée nationale. Elles approchent, elles écoutent, elles entrent, les larmes aux yeux ; elles veulent en être aussi. Alors on leur relit l'adresse ; elles s'y joignent de tout leur cœur. Cette profonde union de la famille et de la patrie pénétra toutes les âmes d'un sentiment inconnu. La fête, toute fortuite, n'en fut que plus touchante... Elle fut courte, comme tous nos bonheurs : elle ne dura qu'un jour. Le récit finit par un mot naïf de mélancolie et de retour sur soi-même : « C'est ainsi que s'est écoulé le plus bel instant de notre vie. »

« C'est qu'il faut travailler demain et se lever de bonne heure : c'est le temps de la moisson. Les fédérés d'Etoile, près Valence, s'expriment à peu près en ces termes, après avoir conté les feux de joie, les farandoles : « Nous qui, au 29 novembre 1789, donnâmes à la France l'exemple de la première fédération, nous n'avons pu donner à cette fête qu'un jour, et nous sommes retirés le soir pour nous reposer et reprendre nos travaux demain ; les travaux de la campagne pressent, nous le regrettons... » Bons laboureurs, ils écrivent cela à l'Assemblée nationale, convaincus qu'elle s'occupe d'eux ; que, comme Dieu, elle voit et fait tout.

« Ces procès-verbaux de communes rurales sont autant de fleurs sauvages qui semblent avoir poussé au sein des moissons. On y respire les fortes et vivifiantes odeurs de la campagne à ce beau moment de fécondité. On s'y promène parmi les blés mûrs.

« Et c'était, en effet, en pleine campagne que tout cela se faisait. Nul temple n'aurait suffi. La population sortait tout entière, tous les hommes, toutes les femmes et tous les enfants ; on y traînait la chaise du vieillard, le berceau du nourrisson. Des villages, des villes entières, étaient laissés sous la garde de la foi publique. Quelques hommes en patrouilles, qui traversent un bourg, déposent qu'ils n'y ont vu exactement que les chiens. Celui qui, le 14 juillet 1790, à midi, aurait, sans voir la campagne, parcouru ces villages déserts, les aurait pris pour autant d'Herculanum et de Pompéi (1).

« Personne ne pouvait manquer à la fête ; personne n'était simple témoin ; tous étaient acteurs, depuis le centenaire jusqu'au nouveau-né. Et celui-ci plus qu'un autre.

(1) Herculanum et Pompéï, villes de la Campanie, ensevelies sous les laves et les cendres du Vésuve en 79, retrouvées au XVIIIe siècle.

« On l'apportait, fleur vivante, parmi les fleurs de la moisson. La mère l'offrait, le déposait sur l'autel. Mais il n'avait pas seulement le rôle passif d'une offrande ; il était actif aussi, il comptait comme personne, il faisait son serment civique par la bouche de sa mère, il réclamait sa dignité d'homme et de Français, il était mis déjà en possession de la patrie, il entrait dans l'espérance...

« Je ne crois pas qu'à aucune époque le cœur de l'homme ait été plus large, plus vaste ; que les distinctions de classes, de fortunes et de partis aient été plus oubliées. Dans les villages surtout, il n'y a plus ni riche, ni pauvre, ni noble, ni roturier ; les vivres sont en commun, les tables communes. Les divisions sociales, les discordes ont disparu. Les ennemis se réconcilient, les sectes opposées fraternisent, les croyants, les philosophes, les protestants, les catholiques (1). »

L'unité nationale réalisée par les Fédérations se manifesta plus clairement encore lorsque la guerre eut éclaté entre la France d'une part, l'Autriche, la Prusse et les princes allemands d'autre part (avril 1792). Pour défendre ses récentes conquêtes sociales, ses institutions nouvelles, ses frontières menacées par l'étranger coalisé avec les émigrés partisans de l'ancien régime, la nation entière se

(1) *Histoire de la Révolution*, Livre III, chap. XI.

leva unie dans un même sentiment de dévouement patriotique.

« Le grand orateur (1) avait été, en ce moment sublime, le pontife de la Révolution. Il avait trouvé, donné la formule religieuse du dévouement héroïque. Ainsi, dans les vieilles batailles de Rome, quand la victoire balançait, quand les légions chancelaient, le pontife, en blanc habits, s'avançait au front de l'armée, et prononçait les paroles du rite sacré ; un homme se présentait, Décius (2) ou Curtius (3), qui répétait mot pour mot, et se donnait pour le peuple. Ici, Vergniaud fut le pontife ; mais ce ne fut pas un homme qui répétait la formule, ce fut tout le peuple même. La France fut Décius.

« Non, l'anarchie de Paris ne devait tromper personne sur le caractère de ce moment. Cette mort était une vie. L'éloignement qu'on reprochait à la population pour les travaux intérieurs tenait à son élan de guerre. Elle sentait très bien d'instinct que la bataille du monde ne se livrerait pas ici.

« La défense est à la main, et elle n'est pas au cœur. Préparer la défense à Paris, c'est toujours le plus triste

(1) Vergniaud, le grand orateur du parti girondin.

(2) Publius Decius Mus se dévoua à Veséris (340 avant J.-C.), le fils se fit tuer à Sentinum (295), le petit-fils à Asculum (279.) (Grégoire).

(3) Curtius, chevalier romain, qui, vers 362 avant J.-C., se serait précipité tout armé dans un gouffre formé subitement vers le milieu du Forum. (Grégoire.)

augure. Qu'on sache bien que le jour où le pesant matérialisme de la royauté a fortifié Paris, il l'a énervé. Le jour où vous le voudrez imprenable, vous abattrez ses remparts.

« La défensive ne va pas à la France. La France n'est pas un bouclier. La France est une épée vivante. Elle se portait elle-même à la gorge de l'ennemi.

« Chaque jour, 1,800 volontaires partaient de Paris, et cela jusqu'à 20.000. Il y en aurait eu bien d'autres si on ne les eût retenus. L'Assemblée fut obligée d'attacher à leurs ateliers les typographes qui imprimaient ses séances. Il lui fallut décréter que telles classes d'ouvriers, de serruriers, par exemple, utiles pour faire des armes, ne devaient pas partir eux-mêmes. Il ne serait plus resté personne pour en forger.

Les églises présentaient un spectacle extraordinaire, tel que, depuis plusieurs siècles, elles n'en offraient plus. Elles avaient repris le caractère municipal et politique qu'elles eurent au Moyen Age. Les assemblées des sections qui s'y tenaient rappelaient celles des anciennes communes de France, ou des municipes italiens, qui s'assemblaient dans les églises. La cloche, ce grand instrument populaire, était redevenue ce qu'elle fut alors, la grande voix de la cité, l'appel au peuple. Les églises du Moyen Age avaient parfois reçu les foires, les réunions commerciales. En 92, elles offrirent un spectacle analogue (mais moins mercantile, plus touchant), les réunions d'industrie patriotique, qui travaillaient pour le salut commun. On y avait rassemblé des milliers de femmes pour préparer les tentes, les habits, les équipements militaires. Elles travaillaient, et elles étaient heureuses, sentant que, dans ce travail, elles couvraient, habillaient leurs pères ou leurs fils. A l'entrée de cette rude campagne d'hiver qui se préparait pour tant d'hommes jusque-là fixés au foyer, elles réchauffaient d'avance ce pauvre abri du soldat de leur souffle et de leur cœur.

« Près de ces ateliers de femmes, les églises même offraient des scènes mystérieuses et terribles, de nombreuses exhumations. Il avait été décidé qu'on emploierait pour l'armée le cuivre et le plomb des cercueils. — Pourquoi non ? Et comment a-t-on si cruellement injurié les hommes de 92, pour ce remuement des tombeaux ? Quoi donc ! la France des vivants, si près de périr, n'avait pas droit de demander secours à la France des morts et d'en obtenir des armes ? S'il faut, pour juger un tel acte, savoir la pensée des morts mêmes, l'historien répondra sans hésiter, au nom de nos pères dont on ouvrit les tombeaux, qu'ils les auraient donnés pour sauver leurs petits-fils. Ah ! si les meilleurs de ces morts avaient été interrogés, si on avait pu savoir là-dessus l'avis d'un Vauban (1), d'un Colbert (2), d'un

(1) Sébastien Le Prestre de Vauban (1633-1707), ingénieur, maréchal de France, économiste. Il a été « l'âme » de tous les sièges de Louis XIV ; il a fortifié les frontières acquises par Richelieu, Mazarin, Louis XIV. Il est l'inventeur de la baïonnette à douille et du système de fortifications dites rasantes. « Patriote comme il l'était » (Saint-Simon), il s'est, toute sa vie, occupé de remédier aux misères du peuple.

(2) Jean-Baptiste Colbert (1619-1683), l'un des plus grands

Catinat (1), d'un chancelier L'Hôpital (2), de tous ces grands citoyens, si l'on eût consulté l'oracle de celle qui mérite un tombeau ? non, un autel, la Pucelle d'Orléans... toute cette vieille France héroïque aurait répondu : « N'hésitez pas, ouvrez, fouillez ; ce n'est pas assez, nos ossements. Tout ce qui reste de nous, portez-le sans hésiter au-devant de l'ennemi. »

« Un sentiment tout semblable fit vibrer la France en ce qu'elle eut de plus profond, quand un cercueil, en effet, la traversa, rapporté de la frontière, celui de l'immortel Beaurepaire, qui, non pas par des paroles, mais d'un acte et d'un seul coup, lui dit ce qu'elle devait faire en sa grande circonstance.

« Beaurepaire, ancien officier des carabiniers, avait formé, commandé, depuis 89, l'intrépide bataillon des volontaires de Maine-et-Loire.

« Au moment de l'invasion, ces braves eurent peur de n'arriver pas assez vite. Ils ne s'amusèrent pas à parler en route, traversèrent toute la France au pas de charge, et se jetèrent dans Verdun. Ils avaient un pressentiment qu'au milieu des trahisons dont ils étaient environnés,

---

ministres de Louis XIV. De 1661 à 1683 il a administré les finances, l'agriculture, l'industrie, le commerce, les travaux publics, la marine, les colonies, les beaux-arts en France.

(1) Catinat, l'un des éminents généraux de la fin du règne de Louis XIV, maréchal de France (1637-1712).

(2) Michel de L'Hôpital (1504-1573), chancelier de France en 1560, a fait d'importantes réformes dans la justice et s'est efforcé de faire prévaloir la justice et la tolérance au milieu des fureurs des partis religieux.

ils devaient périr. Ils chargèrent un député patriote de faire leurs adieux à leurs familles, de les consoler et de dire *qu'ils étaient morts*. — Beaurepaire venait de se marier, il quitta sa jeune femme, et il n'en fut pas moins ferme. Le commandant de Verdun assemblant un conseil de guerre pour être autorisé à rendre la place, Beaurepaire résista à tous les arguments de la lâcheté. Voyant enfin qu'il ne gagnait rien sur ces nobles officiers, dont le cœur, tout royaliste, était déjà dans l'autre camp : « Messieurs, dit-il, j'ai juré de ne me rendre que mort... Survivez à votre honte... Je suis fidèle à mon serment ; voici mon dernier mot ; je meurs... » Il se fit sauter la cervelle.

« La France se reconnut, frémit d'admiration. Elle se mit la main sur le cœur et y sentit monter la foi. La patrie ne flotta plus aux regards, incertaine et vague ; on la vit réelle, vivante. On ne doute guère des dieux à qui l'on sacrifie ainsi.

« C'était avec un véritable sentiment religieux que des milliers d'hommes, à peine armés, mal équipés encore, demandaient à traverser l'Assemblée nationale. Leurs paroles, souvent emphatiques et déclamatoires, qui témoignent de leur impuissance pour témoigner ce qu'ils sentaient, n'en sont pas moins empreintes du sentiment très vif de foi qui remplissait leur cœur. Ce n'est pas dans les discours préparés de leurs orateurs qu'il faut chercher ces sentiments, mais dans les cris, les exclamations qui s'échappent de leur poitrine. « Nous venons comme à l'église », disait l'un. — Et un autre : « Pères de la patrie, nous voici ! vous bénirez vos enfants. »

« Le sacrifice fut, dans ces jours, véritablement universel, immense et sans bornes. Plusieurs centaines de mille donnèrent leurs corps et leur vie, d'autres leur fortune ; tous, leur cœur, d'un même élan...

« Dans les colonnes interminables de ces dons infinis d'un peuple, relevons telle ligne, au hasard. De pauvres femmes de la Halle apportent quatre mille francs, le produit apparemment de quelques grossiers joyaux, leur anneau de mariage....

« Plusieurs femmes des départements, spécialement du Jura, avaient dit que, tous les hommes partant, elles pourraient monter la garde. C'est aussi ce qu'offrit, dans l'*Assemblée nationale, une mercière de la rue Saint-Martin* qui vint avec son enfant. La mère donne sa croix, un cœur en or et son dé d'argent. L'enfant, une petite fille, donne ce qu'elle a, une petite timbale d'argent et une pièce de quinze sols. Ce dé, l'instrument du travail pour la pauvre veuve, la petite pièce qui fait toute la fortune de l'enfant !... ah ! trésor ! Et comment la France, avec cela, n'aurait-elle pas vaincu ?...

« Dieu te le rende au ciel, enfant ! C'est avec ton petit dé de travail et ta petite pièce d'argent que la France va lever des armées, gagner des batailles, briser les rois à Jemmapes .. Trésor sans fond .. On puisera, et il en restera toujours. Et plus il viendra d'ennemis, plus on trouvera encore... Il y en aura, au bout de deux ans, pour solder nos douze armées. »

La principale armée qui marchait contre notre frontière de l'Est se composait de 60,000 Prussiens sous le commandememt du roi de Prusse Frédéric-Guillaume II (1) et du duc de Brunswick (2), le meilleur des généraux formés à l'école du grand Frédéric.

« Brunswick était déjà un homme d'âge ; il était lui-même prince souverain ; c'était un homme prodigieusement instruit, d'autant plus hésitant, sceptique. Qui sait beaucoup, doute beaucoup. La seule chose à laquelle il crût, c'était le plaisir. Mais le plaisir, continué au delà de l'âge, énerve non seulement le corps, mais la faculté de vouloir. Le duc était resté brave, savant, spirituel, *plein d'idées et d'expérience; il n'avait perdu qu'une* seule chose : la volonté.

« Dans cette armée de rois, de princes, il y avait, entre autres, un prince souverain, le duc de Weimar (3), et, avec lui, son ami, le prince de la pensée allemande, le célèbre Gœthe (4). Il était venu voir la guerre, et, chemin faisant, au fond d'un fourgon, il écrivait les pre-

(1) Frédéric-Guillaume II, roi de Prusse, neveu et successeur du grand Frédéric (1786-1797).

(2) Charles-Guillaume-Ferdinand, duc de Brunswick Lunebourg (1735-1806), l'un des plus illustres généraux prussiens formés à l'école de Frédéric le Grand : il s'était illustré pendant la guerre de Sept Ans en combattant contre nous.

(3) Charles-Auguste, duc de Saxe-Weimar (1757-1828), l'un des princes *éclairés* de la fin du XVIIIe siècle, ami de Gœthe et de Schiller, a fait de Weimar l'Athènes du Nord.

(4) Gœthe (1749-1832), le plus grand poète allemand de la fin du XVIIIe et du commencement du XIXe siècle.

miers fragments du *Faust* (1), qu'il publia au retour. Ce courtisan assidu de l'opinion, qui l'exprima fidèlement, ne la devança jamais, disait alors, à sa manière, la décomposition, le doute, le découragement de l'Allemagne. Il lui poétisait, dans une œuvre sublime, son vide moral, sa vive agitation d'esprit. Elle en sortit glorieusement par des hommes de foi, par Schiller (2), par Fichte (3), surtout par Beethoven. Mais le temps n'était pas venu.

« Nulle idée, nul principe, ne dominait cette armée. Elle avançait lentement, comme il était naturel, n'ayant nulle raison d'avancer. Les émigrés étaient là, priant, suppliant, se mourant d'impatience. Brunswick songeait. Il pouvait prendre ce parti, il est vrai ; mais cet autre parti valait bien autant, à moins que le troisième ne fût meilleur encore. Enfin, quand on s'était décidé, à la longue, à faire quelque chose, l'exécution commençait lentement par le sage Prussien Hohenlohe (4), ou l'Autrichien, plus sage encore, Clairfayt (5). Il faut se rappeler

(1) Faust est un poème dramatique qui se compose de deux parties ; la première a été terminée entièrement en 1807, la seconde a paru en 1831. Voir, dans les œuvres de Gœthe, la Campagne de France.

(2) Schiller, illustre poète allemand, historien et philosophe (1759-1805).

(3) Fichte, philosophe et professeur allemand (1762-1814), auteur des Discours aux Allemands qui ont contribué à l'éveil du sentiment national en Allemagne (1807-1808).

(4) Le prince de Hohenlohe (1746-1818) fit les campagnes de 1792, 1794 et 1806, comme général dans l'armée prussienne, et se retira après avoir perdu la bataille d'Iéna. (Grégoire.)

(5) Clairfayt, général autrichien.

qu'il n'y avait pas eu de guerre depuis trente ans. La guerre à coups de foudre du grand Frédéric était un peu oubliée. La sage tactique des généraux autrichiens était fort appréciée. Qu'avait-on besoin d'aller si vite, si l'on pouvait, sans remuer presque, atteindre les meilleurs résultats ? »

La victoire de Valmy (20 septembre 1792) repoussa l'invasion et sauva la France.

« Nous supprimons d'un récit sérieux les circonstances épiques dont la plupart des narrateurs ont cru devoir orner ce grand fait national, assez beau pour se passer d'ornements (1). A plus forte raison écartons-nous les fictions maladroites par lesquelles on a voulu confisquer au profit de tel ou tel individu ce qui fut la gloire de tous.

« Réservons seulement la part réelle qui revient à Dumouriez (2). Quoique Kellermann (3) se fût placé lui-

(1) Comparer au récit de Michelet ceux de Thiers (*Histoire de la Révolution Française*) et de Lamartine (*Histoire des Girondins*). On consultera avec fruit le livre de M. A. Chuquet, la *Première Invasion Prussienne* (Cerf, éditeur).

(2) Dumouriez (1739-1824) servit dans l'armée et la diplomatie sous Louis XV et Louis XVI, fit partie du ministère Girondin du 13 mars 1792, remporta sur les coalisés les victoires de Valmy et de Jemmapes, fit la conquête des Pays-Bas autrichiens. Après la défaite de Nervinden (1793), il voulut faire marcher son armée contre la Convention, il passa à l'ennemi, et vécut désormais à l'étranger.

(3) Kellermann, né à Strasbourg en 1735, était déjà maré-

même autrement qu'il n'avait dit, quoiqu'il eût, contre son avis, pris pour camp ce poste avancé, Dumouriez mit un zèle extrême à le soutenir de droite et de gauche. Toute petite passion, toute rivalité, disparaissait dans une si grande circonstance. En eût-il été de même entre généraux de l'ancien régime ? J'ai peine à le croire. Que de fois les rivalités, les intrigues des généraux courtisans, continuées sur le champ de bataille, ont amené nos défaites !

« Non ! le cœur avait grandi chez tous ; ils furent au-dessus d'eux-mêmes. Dumouriez ne fut plus l'homme douteux, le personnage équivoque ; il fut magnanime, désintéressé, héroïque ; il travailla pour le salut de la France et la gloire de son collègue ; il vint lui-même plusieurs heures, dans ses lignes, partager avec lui le péril, l'encourager et l'aider. Et Kellermann ne fut point l'officier de cavalerie, le brave et médiocre général qu'il a été toute sa vie : il fut un héros, ce jour-là, et à la hauteur du peuple ; car c'était le peuple vraiment, à Valmy, bien plus que l'armée. Kellermann s'est souvenu toujours avec attendrissement et regret du jour où il fut un homme, non simplement un soldat, du jour où son cœur vulgaire fut un moment visité du génie de la France. Il a demandé que ce cœur pût reposer à Valmy.

« Les Prussiens ignoraient si parfaitement à qui ils

chal de camp lorsque la Révolution éclata, et général de division en 1792. Napoléon I le fit maréchal de France, duc de Valmy, sénateur ; mort en 1814.

avaient affaire, qu'ils crurent avoir pris Dumouriez, lui avoir coupé le chemin. Ils s'imaginèrent que cette armée *de vagabonds, de tailleurs, de savetiers*, comme disaient les émigrés, avait hâte d'aller se cacher dans Châlons, dans Reims. Ils furent étonnés quand ils les virent audacieusement postés à ce moulin de Valmy. Ils supposèrent du moins que ces gens-là, qui n'avaient jamais entendu le canon, s'étonneraient au concert nouveau de soixante bouches à feu. Soixante leur répondirent, et tout le jour, cette armée, composée en partie de gardes nationales, supporta une épreuve plus rude qu'aucun combat : l'immobilité sous le feu. On tirait dans le brouillard au matin, et plus tard dans la fumée. La distance néanmoins était petite. On tirait dans une masse ; peu importait de tirer juste.

« Cette masse vivante d'une armée toute jeune, émue de son premier combat, d'une armée ardente et française, qui brûlait d'aller en avant, tenue là sous les boulets, les recevant par milliers, sans savoir si les siens portaient, elle subissait, cette armée, la plus grande épreuve peut-être. On a tort de rabaisser l'honneur de cette journée. Un combat d'attaque, ou d'assaut, aurait moins honoré la France.

« Un moment, les obus des Prussiens, mieux dirigés, jetèrent de la confusion. Ils tombèrent sur deux caissons, qui éclatèrent, tuèrent, blessèrent beaucoup de monde. Les conducteurs des chariots s'écartant à la hâte de l'explosion, quelques bataillons semblaient commencer à se troubler. Le malheur voulut encore qu'à ce moment un boulet vînt tuer le cheval de Kellermann et le jeter par terre. Il en remonta un autre avec beaucoup de sang-froid, raffermit les lignes flottantes.

« Il était temps.

« Les Prussiens, laissant la cavalerie en bataille pour soutenir l'infanterie, formaient celle-ci en trois colonnes, qui marchaient vers le plateau de Valmy (vers onze heures). Kellermann voit ce mouvement, forme aussi trois colonnes en face, et fait dire sur toute la ligne : « Ne pas tirer, mais attendre, et les recevoir à la baïonnette ».

« Il y eut un moment de silence. La fumée se dissipait. Les Prussiens avaient descendu, ils franchissaient l'espace intermédiaire avec la gravité d'une vieille armée de Frédéric, et ils allaient monter aux Français.

« Brunswick dirigea sa lorgnette, et il vit un spectacle surprenant, extraordinaire. A l'exemple de Kellermann, tous les Français, ayant leurs chapeaux à la pointe des sabres, des épées, des baïonnettes, avaient poussé un grand cri... Ce cri de trente mille hommes remplissait toute la vallée : c'était comme un cri de joie, mais étonnamment prolongé ; il ne dura guère moins d'un quart d'heure ; fini, il recommençait toujours avec plus de force ; la terre en tremblait... C'était : « Vive la Nation ! »

« Les Prussiens montaient, fermes et sombres. Mais, tout ferme que fût chaque homme, les lignes flottaient, elles formaient par moment des vides, puis elles les remplissaient. C'est que de gauche elles recevaient une pluie de fer qui leur venait de Dumouriez.

« Brunswick arrêta ce massacre inutile, et fit sonner le rappel.

« Le spirituel et savant général avait très bien reconnu, dans l'armée qu'il avait en face, un phénomène qui ne s'était guère vu depuis les guerres de religion : *une armée de fanatiques*, et, s'il l'eût fallu, de martyrs. Il répéta au roi ce qu'il avait toujours soutenu, contrairement aux émigrés, que l'affaire était difficile, et qu'avec les belles chances que la Prusse avait en ce moment pour s'étendre dans le Nord, il était absolument inutile et imprudent de se compromettre avec ces gens-ci.

« Le roi était extrêmement mécontent, mortifié. Vers quatre ou cinq heures, il se lassa de cette éternelle canonnade qui n'avait guère de résultat que d'aguerrir l'ennemi. Il ne consulta pas Brunswick, mais dit qu'on battît la charge.

« Lui-même, dit-on, approcha avec son état-major, pour reconnaître de plus près ces furieux, ces sauvages. Il poussa sa courageuse et docile infanterie sous le feu de la mitraille, vers le plateau de Valmy. Et en avançant, il reconnut la ferme attitude de ceux qui l'attendaient là-haut.

« Ils s'étaient déjà habitués au tonnerre qu'ils entendaient depuis tant d'heures, et ils commençaient à s'en rire.

« Une sécurité visible régnait dans leurs lignes. Sur toute cette jeune armée planait quelque chose, comme une lueur héroïque, où le roi ne comprit rien (sinon le retour en Prusse).

« Cette lueur était la Foi.

« Et cette joyeuse armée qui d'en haut le regardait, c'était déjà l'armée de la République. »

« Fondée le 20 septembre 1792, à Valmy, par la victoire, elle fut, le 21, décrétée à Paris, au sein de la Convention (1). »

De ces manifestations innombrables et unanimes sortit la Patrie Française dans sa complète et vivante unité. Le terme vers lequel depuis des siècles marchait la Gaule indépendante, romaine et franque, et la France féodale et monarchique, était atteint.

(1) *Histoire de la Révolution*, livre VII, chapitre VIII. — La Convention nationale, assemblée révolutionnaire, qui se réunit à Paris le 21 septembre 1792 et se sépara le 26 octobre 1795.

CHAPITRE IX.

LA NATURE. — LE FOYER. — LA CITÉ.

Michelet acheva l'Histoire de la Révolution au milieu des plus tristes préoccupations. Tout s'écroulait autour de lui. La liberté, pour laquelle il avait tant combattu dans ses livres et dans sa chaire, avait succombé sous le coup d'Etat du 2 décembre 1851. La même année, sa chaire du Collège de France lui était retirée sans qu'il fût tenu compte de ses droits à la retraite. Au mois de juin 1852, son noble refus de prêter à l'Empire un serment contraire à sa conscience l'obligeait à quitter ses chères Archives. Les ouvrages qu'il avait composés pour l'enseignement étaient proscrits dans les établissements d'instruction publique.

Il ne succomba pas cependant sous les coups de l'adversité qui, au milieu de sa laborieuse carrière, lui supprimait brusquement les moyens matériels de l'existence. Loin de là, ces pénibles épreuves furent l'occasion d'un renouvellement et comme d'une suprême floraison de son génie.

L'agitation de la lutte à laquelle il s'était mêlé depuis 1843 lui avait masqué en quelque sorte la solitude qui, peu à peu, s'était faite autour de lui : sa femme était morte en 1839 ; sa fille s'était mariée en 1842 ; son fils vivait loin de lui ; son père était mort lorsqu'il écrivait le premier volume de la Révolution. La fièvre du combat cessant, la solitude et le silence se faisant autour de lui, il risquait de se trouver désarmé, épuisé de volonté et d'énergie en face de la mauvaise fortune. « C'est alors qu'il rencontra celle qui devint sa compagne pendant les vingt-cinq dernières années de sa vie, » l'inspiratrice et la collaboratrice de quelques-unes des plus exquises parmi ses œuvres. Son foyer désert se ralluma : à sa flamme, il puisa une provision de force et d'énergie capables de défier tous les coups du sort.

Les ressources du ménage étaient plus que minimes; d'autre part, les fonctions officielles ne retenaient plus Michelet à Paris. Il se retira à la campagne, aux environs de Paris d'abord, puis, au printemps de 1852, auprès de Nantes, « non loin de la mer, sur une colline qui voit les eaux jaunes de Bretagne aller joindre, dans la Loire, les eaux grises de la Vendée. » C'est là qu'il termina la Révolution, aux bruits des grandes tempêtes d'hiver qui ébranlaient la petite maison.

Dans cette solitude profonde mais nullement stérilisante, un grand apaisement se fit en lui ; loin de Paris, loin du tumulte des passions contemporaines, il prêta l'oreille à des voix plus humbles auxquelles il n'avait prêté jusqu'alors qu'une attention passagère. « Je recommençai, dit-il, à entendre les voix de la solitude, et mieux, je crois, qu'à tout autre âge, mais lentement et d'une oreille inaccoutumée, comme celui qui serait mort quelque temps et reviendrait de là-bas. »

Bientôt sa santé ébranlée par un travail excessif, celle de sa femme atteinte aussi, l'obligèrent à chercher un ciel plus clément : il alla s'établir « à deux lieues de Gênes, dans un pli de l'Apennin (1). » Tout travail était interdit à ce travailleur : à défaut de livres et de manuscrits, il jeta les yeux autour de lui, il vécut « dans la société du petit peuple de lézards qui courent sur les rocs, se jouent ou dorment au soleil. » Mais sur cette côte rocheuse et aride, baignée par une mer stérile, la vie animale est rare, presque nulle. Michelet la retrouva à son retour en France, « devant l'Océan, au promontoire

(1) Voir Michelet, *Un Hiver en Italie* (1 vol. Marpon et Flammarion).

de la Hève, sous les vieux ormes qui le dominent. C'est alors, entre autres choses, que je commençai à entendre les oiseaux qui chantent peu, mais parlent, comme les hirondelles, jasant du beau temps, de la chasse, de la nourriture rare ou commune, ou de leur prochain départ, enfin de toutes leurs affaires. »

Le livre de l'*Oiseau* (paru en 1856) est le fruit exquis du renouvellement moral de Michelet sous l'influence de son second mariage, et de la nature mieux sentie et plus aimée.

En abandonnant momentanément l'histoire politique pour l'histoire naturelle, Michelet ne changeait rien à l'allure spontanée, à la démarche originale de son esprit. Là, comme dans son Histoire de France, apparaît l'alliance de la science et de l'art, de l'esprit d'observation et de l'imagination poétique. Cette œuvre qui a le mouvement, l'éclat, le prestige d'un poème lyrique, repose sur de patientes et ingénieuses observations, sur de vastes lectures: non seulement Michelet a vécu dans l'intimité des oiseaux de nos pays, goëlands, mouettes, hirondelles, alouettes, et, particulièrement, dans celle d'un pinson et d'un rossignol domestiques, mais encore il a visité les collections des musées, causé avec les savants spéciaux. Ces études, ces observations, ces longues contemplations (comme celles où s'absorbait naguère La Fontaine), ont ému son cœur, enflammé son imagination. Il a aimé les oiseaux, comme il aimait les hommes. Son cœur lui a fait voir en eux des frères éloignés, mais non séparés de nous. Son imagination a évoqué en lui les instincts, les amours, les joies, les douleurs, bref l'âme des oiseaux, comme elle avait jadis ressuscité l'âme des générations disparues.

Cette union de la science et de la poésie appliquées à l'observation de la nature a produit dans l'*Oiseau* une œuvre d'une absolue originalité, sans modèle comme sans copie. Ce n'est pas de la science, car à chaque pas Michelet abandonne les lentes et prudentes méthodes des observateurs pour les imaginations hardies d'un voyant et les rêves d'un poète ; ce n'est pas de la fantaisie pure, car à chaque page apparaissent des divinations prophétiques, des intuitions profondes que le savant accueille après les avoir vérifiées.

Une idée profonde fait l'unité du livre. Michelet entreprend, comme il le dit lui-même, de « révéler l'oiseau comme âme », de « montrer qu'il est une personne. » Or, pour cela, saisissant les premières ébauches de cette âme, épiant les premières manifestations de cette personnalité dans les espèces inférieures, il en suit le développement progressif à travers les variétés des espèces ailées, jusqu'aux types supérieurs chez lesquels l'instinct est déjà une pensée et une volonté. « *L'oiseau donc, un seul oiseau*, c'est tout le livre, mais, à travers les variétés de sa destinée, se faisant, s'accommodant aux mille conditions de la terre, aux mille vocations de sa vie ailée. »

L'*Insecte* est séparé de l'homme par un abîme plus profond que l'Océan. C'est le mystérieux et muet fils de la nuit. Les ténèbres sont son empire. « Point de regard dans ses yeux. Nul mouvement sur son masque muet. Sous sa cuirasse de guerre, il demeure impénétrable. Son cœur (car il en a un) bat-il à la manière du mien ? Ses sens sont infiniment subtils; mais sont-ils semblables à mes sens ? Il me semble même qu'il en ait à part, d'inconnus, encore sans nom. Ils nous échappent. »

Ce monde obscur des insectes a livré son secret à l'observateur et au poète. A Lucerne, sous le dôme obscur des sapins qui dominent le lac, à Fontainebleau, parmi les grès, dans les sablonnières, en compagnie des carriers et des fourmis, s'est révélée à lui l'œuvre immense qu'accomplit infatigablement et silencieusement le grand peuple des ténèbres, et que révèlent seulement ces « légers bruissements, sourds, intérieurs, qui semblent sortir des arbres. » La même oreille subtile qui s'était enchantée au chant du rossignol a perçu le bruit du pas de la fourmi se hâtant à son travail matinal. Le même cœur sympathique qui avait suivi avec une si vive émotion l'oiseau dans la construction du nid, dans la longue et pénible attente de la couvée, dans la difficile éducation du vol, n'a pas moins compati au drame douloureux des métamorphoses de l'insecte, à son dur labeur si mal récompensé.

Dans l'insecte, comme dans l'oiseau, Michelet voit une *personne*. A travers ses métamorphoses il poursuit l'éclosion obscure de l'âme. De même que l'art divin du rossignol était, en quelque sorte, le couronnement du livre précédent, de même les sociétés des fourmis et des abeilles présentent le plus haut degré du développement de l'insecte.

Cette âme que Michelet a révélée dans l'oiseau et dans l'insecte n'est pas le privilège exclusif des races animales ; elle existe aussi, mais diffuse et comme endormie, dans le végétal et dans le minéral. Tout est plein d'âmes, a dit le poète, ou plutôt, dans tout être, dans toute chose, est une parcelle de l'âme universelle. Cette croyance qui était celle de nos lointains ancêtres, des Hindous, pères de notre race, des Hellènes, des Romains, que Virgile a exprimée dans ses Géorgiques avec un art si profond, a inspiré à Michelet les deux livres de *la Mer* et de *la Montagne*, par lesquels se clôt ce poème de la nature dont l'*Oiseau* et l'*Insecte* sont les premiers chants.

De ces derniers livres, moins parfaits dans leur

ensemble que les précédents, se dégage néanmoins une haute et poétique leçon. L'Océan n'offre pas seulement un étrange et sublime spectacle dans la circulation de ses courants, dans l'alternance de ses marées, dans les fureurs de ses tempêtes qui lui donnent la vague ressemblance d'un monstrueux animal ; mais son sein profond recèle pour nos générations épuisées, usées avant l'heure, un inestimable trésor, une source inépuisable de renouvellement et de jeunesse. « N'est-ce pas, en effet, de la mer que surgit la vie primitive ? Elle en a tous les éléments dans une merveilleuse plénitude. Pourquoi, quand nous défaillons, n'irions-nous pas nous refaire à la source débordante qui nous invite à puiser ?

De même les Montagnes.

« Ces vierges de lumière qui nous donnent le jour quand le ciel même est sombre encore dans son azur d'acier, elles ne réjouissent pas seulement les yeux fatigués d'insomnie, elles avivent le cœur, lui parlent d'espérance, de foi dans la justice, le retrempent de force virile et de ferme résolution (1).

« Leurs glaciers bienfaisants, dans leur austérité terrible, qui donnent à l'Europe les eaux et la fécondité,

(1) Les monts sont des héros et des religieux. (Victor Hugo.)

lui versent en même temps la lumière, la force morale (1). »

Le renouvellement de vie morale, la force, la joie, la foi dans l'avenir que Michelet avait retirés de son commerce avec la nature l'amenèrent à s'occuper de l'humanité contemporaine, et particulièrement de la France, à chercher les moyens de régénérer, de fortifier les générations actuelles. Ces préoccupations n'étaient pas, du reste, nouvelles pour lui. Même lorsqu'il semblait enfoui dans les ténèbres du passé le plus reculé, il avait toujours devant les yeux la lumière du présent. La science, désintéressée de toute application présente ou future, lui avait toujours paru une vaine curiosité. A ses yeux, la connaissance du passé n'avait d'autre but que de préparer celle du présent. Pour lui, *savoir*, *pouvoir* et *agir*, c'était tout un. De là, tant d'aperçus profonds sur le monde contemporain, tant d'appels éloquents aux énergies de la France nouvelle, éclatant presque à chaque page de son œuvre historique ; de là, la part qu'il prit à la lutte engagée, dans les dernières années du règne de Louis-Philippe, entre la libre-pensée et le clergé catholique, et les livres inspirés par cette lutte, entre autres *le Peuple*, œuvre puis-

(1) *Histoire de France*, la Réforme, chapitre XVI.

sante, chaleureuse, pleine d'intuitions géniales, qui contient en germe ou en ébauche les idées qu'il développa plus tard dans *L'Amour*, dans *La Femme*, dans *Nos Fils*.

Pour Michelet, le but de tous les efforts des hommes vivant en société, le résultat du travail de chaque nation, c'est l'organisation de la *Cité*, c'est-à-dire de l'association harmonique fondée par le libre concours et la cordiale entente de tous ses membres. Mais la cité, qui est l'association large, se compose d'associations plus restreintes, de *familles* groupées autour d'un *foyer*. « *Le foyer*, dit Michelet, est la pierre qui porte la *cité*. » C'est donc le foyer qu'il faut fonder sur une base inébranlable, ou, tout au moins, raffermir sur cette base ébranlée.

Trois êtres constituent le foyer : l'homme, la femme, l'enfant. C'est la sainte union de l'homme et de la femme, c'est le mariage qui fonde le foyer ; c'est l'enfant qui le perpétue.

Le mariage, l'éducation de l'enfant, voilà les deux graves questions sur lesquelles Michelet a jeté la lumière de son génie fait d'intuition et de tendresse. Sa merveilleuse imagination, plus vive, plus ardente que jamais, a revêtu ces sérieuses vérités de toutes les séductions de la poésie. Tel tableau, celui, par exemple, où il peint le bonheur du ménage pauvre, fait songer à Virgile.

« L'homme a besoin, le soir, du foyer et du repos... Le travailleur a bien fatigué le jour, mais il va trouver le repos, un intérieur, une famille, le somme enfin, ce bonheur légitime que Dieu lui donne tous les soirs. Sa femme l'attend, elle compte les minutes ; le couvert est mis ; la mère et l'enfant regardent s'il vient. Pour peu qu'il vaille quelque chose, cet homme, elle met en lui sa vanité; elle l'admire et le révère... Et que de soins ! Je la vois, dans leur faible nourriture, je la vois, sans qu'il l'aperçoive, garder le moindre pour elle, réserver pour l'homme qui a plus de mal, l'aliment nourrissant qui réparera ses forces.

« Il se couche, elle couche les enfants, et elle veille. Elle travaille bien tard dans la nuit. De grand matin, longtemps avant qu'il ouvre les yeux, elle est debout, tout est prêt, la nourriture chaude qu'il prend, et celle qu'il emporte avec lui. Il part, le cœur satisfait, bien tranquille sur ce qu'il laisse, ayant embrassé sa femme et ses enfants endormis.

« Je l'ai dit, et le redirai : le bonheur est là (1). »

L'éducation a pour but de faire de l'enfant un homme et un citoyen. A vrai dire, l'éducation, commencée dès le berceau, se continue toute la vie ; mais c'est dans l'enfance et dans l'adolescence qu'elle est la principale, l'unique affaire. Les pre-

(1) *Le Peuple.* Edition Calmann-Lévy, 1882.

miers, les meilleurs éducateurs, ceux que personne ne saurait remplacer, sont notre père et notre mère. Ce sont eux qui façonnent pour ainsi dire notre jeune âme, qui impriment en elle les deux sentiments profonds que l'éducation publique ne fera que développer plus tard, celui de la Nature et celui de la Patrie. C'est à la mère, selon Michelet, qu'il appartient de nous révéler la nature, et, dans la nature, Dieu qui l'a créée et qui la conserve. C'est le père qui doit d'abord nous faire reconnaître ce qu'est la Patrie et nous la faire aimer.

« Quand l'homme s'est un peu fait dans l'enfant, son père le prend; grande fête publique, grande foule dans Paris. Il le mène de Notre-Dame au Louvre, aux Tuileries, vers l'Arc de Triomphe. D'un toit, d'une terrasse, il lui montre le peuple, l'armée qui passe, les baïonnettes frémissantes, le drapeau tricolore... Dans les moments d'attente surtout, avant la fête, aux reflets fantastiques de l'illumination, dans ces formidables silences qui se font tout à coup sur le sombre océan du peuple, il se penche, il lui dit: « Tiens, mon enfant, regarde; voilà la France, voilà la Patrie! Tout ceci, c'est comme un seul homme. Même âme et même cœur. Tous mourraient pour un seul; et chacun doit aussi vivre et mourir pour tous... Ceux qui passent là-bas, qui sont armés, qui partent, ils s'en vont combattre pour nous. Ils laissent là leur père, leur vieille mère, qui auraient besoin d'eux... Tu en feras autant, tu n'oublieras jamais que ta mère est la France (1). »

Voilà la révélation de la patrie. Mais il ne suffit pas de sentir plus ou moins fortement sa grandeur, sa puissance, sa beauté, sa bonté ; il faut la connaître : c'est le devoir de tout Français. La connaissance de la patrie s'acquiert à l'école où l'on apprend l'histoire et la géographie de la France. Michelet aurait voulu davantage, il aurait voulu « une école vraiment commune, où les enfants de toute classe, de toute condition, viendraient un an, deux ans, s'asseoir ensemble avant l'éducation spéciale, et où l'on n'apprendrait rien autre que la France. »

Connaissant mieux la patrie, on l'aime davantage. Peu de Français ont aimé la France d'un amour à la fois plus profond et plus éclairé que Michelet. Les paroles suivantes par lesquelles nous terminons ces trop brèves citations ont donc, venant de lui, une singulière autorité, et ne sauraient être trop répétées et méditées, aujourd'hui plus que jamais :

« Ne dites pas, je vous prie, que ce ne soit rien du tout

(1) *Le Peuple.*

que d'être né dans le pays qu'entourent les Pyrénées, les Alpes, le Rhin, l'Océan...

« Pour nous, quoi qu'il advienne de nous, pauvre ou riche, heureux, malheureux, vivant, et par delà la mort, nous remercions toujours Dieu de nous avoir donné cette grande patrie, la France. Et cela, non pas seulement à cause de tant de choses glorieuses qu'elle a faites, mais surtout parce qu'en elle nous trouvons à la fois le représentant des libertés du monde et le pays sympathique entre tous, l'initiation à l'amour universel (1). »

(1) *Le Peuple.*

CHAPITRE X.

LES DERNIÈRES ANNÉES. — CONCLUSION.

Michelet atteignit ainsi la vieillesse sans rien perdre de son activité d'esprit, sans cesser d'apprendre et de produire. L'âge, loin d'éteindre sa flamme intérieure, l'avivait, semblait-il, en l'épurant. Sur le soir de la vie, il embrassait l'univers d'un esprit de plus en plus compréhensif et d'un cœur de plus en plus sympathique ; son regard clairvoyant perçait par delà la mort, jusqu'à la lumière d'une autre existence dont son indestructible énergie lui donnait la certitude.

M. G. Monod, dans le précieux petit livre qu'il a consacré à la mémoire de Michelet (1), a tracé ce beau portrait du vieux maître :

---

(1) Un volume, Paris, *Sandoz*, 1875. Nous nous plaisons à reconnaître ici tout ce que le présent travail doit au livre de M. Monod, si riche en renseignements précis et en souvenirs personnels d'un haut intérêt.

« Le haut du visage était admirable de noblesse et de majesté. Son vaste front, encadré de longs cheveux blancs, ses yeux, pleins de flamme en même temps que de bonté, disaient sa poésie, son enthousiasme, son grand cœur. Les narines minces et dilatées exprimaient une intensité de vie extraordinaire. Sa bouche un peu grande, mais à lèvres fines, dessinée d'un trait accentué et ferme, était tour à tour éloquente et spirituelle, et donnait à sa parole un son net et vibrant qui faisait porter chaque mot. Enfin, le bas du visage, le menton carré et un peu lourd, révélaient la forte origine plébéienne, peut-être même un côté de nature moins idéal, plus matériel, qui ne se trahissait jamais dans la vie, mais qui parfois a percé dans ses derniers livres. Quand il parlait, quand la pensée animait ses yeux, on ne voyait plus que son regard, ce regard qui fut jusqu'au bout limpide et brillant comme chez tous ceux dont le cœur reste jeune. Et qui, plus que lui, eut le don d'éternelle jeunesse ? Devenu blanc à vingt-cinq ans, il ne changea plus ; il ne vieillit pas. Jeune homme, il était d'une maturité précoce ; vieillard, il ne perdit rien de sa sève et de son ardeur. »

Pour abattre une telle énergie, il ne fallut rien moins que le choc de désastres inouïs. L'historien de la France est mort des blessures de la patrie. La déclaration de guerre à la Prusse le remplit de tristesse et de sombres pressentiments que l'événement surpassa. Lorsque éclatèrent les premiers désastres et que l'ennemi marcha sur Paris, le vieillard n'eut pas, du moins, la douleur de revoir sur le sol natal l'étranger vainqueur qu'il avait vu de ses yeux d'enfant. Sa santé, toujours délicate, ébranlée par ces patriotiques émotions, ne lui permettait pas de supporter les privations d'un siège imminent. Il quitta donc la France, se réfugia d'abord en Suisse, puis en Italie, à Pise. Séparé de sa patrie, il essaya du moins de la servir encore.

« Dans cet effroyable silence, moi seul en Europe, je parlai. Mon livre, que je fis en quarante jours, fut la première et longtemps la défense unique de la patrie. Il rompit l'unanimité de malveillance que l'or de M. de Bismarck (1) avait facilement obtenue. La conscience publique fut avertie de la Tamise au Danube J'intitulai ce cri de cœur : *La France devant l'Europe*, lui donnant pour épigraphe ce grave avis d'avenir : « les juges seront jugés. »

Vain espoir : chaque jour apportait son angoisse ou son malheur. Ce que fut l'existence de Michelet pendant ces lugubres mois de l'hiver de 1870-1871, une voix éloquente l'a dit sur sa tombe.

« Les épreuves par lesquelles notre pays a passé ont été bien cruelles pour l'auteur de l'*Histoire de France*.

(1) Le prince de Bismarck, né en 1815, ministre prussien, chancelier de la confédération de l'Allemagne du Nord en 1866, chancelier de l'Empire allemand depuis 1871.

J'ai eu sous les yeux le récit de ces tristesses où d'autres se retrouveront. Il faut se le représenter errant en Suisse et en Italie, ne pouvant durer nulle part, l'attente des premiers événements, un grand trouble avec un fond de confiance, les premières déceptions, les malheurs qui se hâtent, la foi qui faiblit, le silence, le retour intérieur sans fin sur les mêmes pensées, une petite fièvre qui arrive à la suite d'un état si violent, le profond chagrin de l'insurrection après l'invasion. C'était trop. Le 30 avril 1871, à Pise, il tomba à terre comme foudroyé : il se remit lentement, malade aux mains d'une malade ; la seule consolation de ce triste ménage était un rouge-gorge familier, qui aimait à se poser et chanter au-dessus du lit de son maître ; et celui-ci, reconnaissant, ouvrait les yeux, murmurait : « *Pauvre petit esprit !* » Dans de certaines natures tendres, il y a de ces enfances. Le bon air de la Suisse le rétablit ; la tête était restée entière, il reprit son travail. Quand il rentra dans Paris, il retrouva son appartement intact par miracle, mais il connut l'étendue du mal commis. Il n'avait pas cru que l'on pût brûler l'Hôtel-de-Ville, un pareil trésor de documents et de traditions populaires : outre l'horreur de l'action, il la regardait comme un contre-sens historique. On lui avait caché la vérité, il l'apprit enfin, mais il n'a jamais voulu passer là (1). »

(1) Discours prononcé par M. Bersot, directeur de l'École Normale Supérieure, au nom de l'Institut, le jour des funérailles de Michelet (18 mai 1876).

Quoique profondément atteint, il se releva encore. Résidant tantôt en province, tantôt à Paris dans sa paisible retraite de la rue d'Assas (1), il consacra le reste de ses forces à une Histoire du XIXe siècle, continuation de son Histoire de l'ancienne France et de la Révolution, dont il écrivit trois volumes. Cependant ses forces diminuaient de jour en jour. « Lui-même, il a vu venir la mort avec sérénité. Sans la désirer, car elle devait affliger ceux qui survivaient, il espérait d'elle les plaisirs qu'elle promet à ceux qui ont cherché et aimé. » Il est mort à Hyères, le 9 février 1874, à midi. Son testament se terminait par cette espérance et par ce vœu : « Dieu me donne de revoir les miens et ceux que j'ai aimés. Qu'il reçoive mon âme reconnaissante de tant de biens, de tant d'années laborieuses, de tant d'œuvres, de tant d'amitiés. »

Le lieu indiqué pour le dernier repos de Michelet, c'était Paris, ce cœur et cette conscience de la France, où s'était écoulée la plus grande partie de sa vie, de son enfance douloureuse à sa maturité et à sa vieillesse fécondes, c'était le cimetière du Père-Lachaise, dont la vue quotidienne pendant de longues années lui avait inspiré de graves pensées,

(1) Au numéro 76, où habite encore actuellement Mme Michelet.

dont il avait si souvent gravi les sentiers, dans sa pieuse sollicitude pour les morts connus ou inconnus. D'autre part, la France devait de belles funérailles au plus aimant et à un des plus glorieux d'entre ses enfants. Ce suprême hommage, Michelet l'obtint plus de deux ans après sa mort, le jeudi 18 mai 1876 ; il fut digne de lui. Rien de la pompe apprêtée de ces cérémonies officielles dont le cœur est si souvent absent, mais la manifestation spontanée d'un deuil et d'un respect universels. Dans les dix mille personnes qui s'étaient rangées derrière le char funèbre au départ de la rue d'Assas, on remarquait les savants, les artistes, les orateurs fameux ; mais toutes ces illustrations étaient en quelque sorte éclipsées par les jeunes gens, par les étudiants accourus de Paris, de toutes le grandes villes de France, de Varsovie, de Rome, de Palerme, de Bucharest. Sur tout le trajet du cortège, particulièrement à l'entrée du cimetière et dans les quartiers populaires, était massée une foule immense, silencieuse et recueillie. Michelet est parvenu au lieu de son dernier repos, entouré de ce peuple dans les entrailles duquel il avait puisé la flamme de son génie et la chaleur de son cœur, escorté de cette jeunesse que sa parole et ses livres n'avaient cessé d'exciter aux grandes pensées et aux généreuses ambitions. Les bouquets d'immortelles rouges et jaunes que les jeunes gens portaient à leur boutonnière montraient que cette fête n'était pas, à vrai dire, celle de la mort, mais plutôt celle de l'immortelle espérance.

De cette rapide excursion à travers la vie et l'œuvre de Michelet nous avons rapporté quelques fortes impressions. Essayons de les résumer et d'en tirer la leçon qu'elles renferment.

Historien et peintre de la nature, Michelet nous a présenté à un degré presque unique l'union de l'esprit scientifique et de l'imagination poétique. Il a évoqué, ranimé, ressuscité devant nous les vieux Romains et la longue série des aïeux dont nous, Français, sommes aujourd'hui les descendants et les héritiers. Après l'âme humaine, il a pénétré ou deviné celle des animaux, de l'oiseau et de l'insecte, et celle, plus diffuse et plus obscure, des choses inanimées, — de l'océan, des montagnes, des grands arbres. Son cœur a été la source de son génie. Il a tout compris parce qu'il a tout senti et tout aimé. Le mal, l'injustice, la violence ont excité en lui de généreuses indignations, de saintes colères, mais n'ont jamais altéré sa bonté. Tout l'effort de sa prodigieuse activité a tendu à réduire le mal, à rétablir la justice, la concorde et la fraternité parmi les hommes. Le monde, dans ses rêves d'avenir, lui apparaissait comme une Cité divine embrassant dans sa belle harmonie toute créature et toute création unies par les liens de l'universel amour.

Son grand cœur, sa puissante imagination ont fait de lui un merveilleux artiste. Michelet, avec Chateaubriand et Georges Sand, est un des trois plus grands prosateurs de ce siècle, plus varié et plus sincère que le premier, plus coloré et plus profond que le second. Son style est la notation exacte et musicale de sa pensée et de ses sentiments, tantôt âpre, haletant, saccadé, violent, tantôt d'une délicatesse, d'une tendresse, d'une harmonie divine. Telle page est contagieuse et vous donne la fièvre ; telle autre par son ensorcelante magie fait couler de douces larmes.

Cette science et cet art sont trop personnels pour qu'il soit possible de les imiter. Michelet a emporté son secret avec lui : nul ne le retrouvera. Mais, s'il est un dangereux modèle pour l'imprudent qui tenterait de reproduire le vol de son imagination et l'allure de son style, son œuvre n'en reste pas moins comme un riche festin ouvert à toutes les intelligences et à tous les cœurs. Historiens, philosophes, artistes, poètes y puiseront de fécondes inspirations : telle de ses rapides intuitions de poète leur ouvre, pareille à l'éclair, de soudaines et infinies perspectives. Tous, même les petits, même les humbles, y puiseront les mâles vertus, plus nécessaires que jamais à cette heure où le siècle semble découragé d'agir et dégoûté de vivre, la Foi, l'Espoir, l'Amour, la Bonté. Quiconque aura approché ses lèvres de cette coupe généreuse en sera réconforté, rajeuni, plus prêt à l'action et au dévouement.

FIN.

TABLE DES MATIÈRES

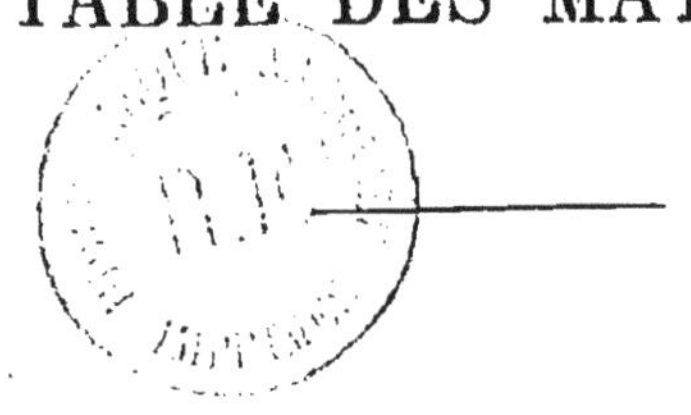

Pages.

POITIERS. — TYPOGRAPHIE OUDIN.

Leçons.	*Cartes correspondantes.*
13. Les Pyrénées et le bassin de la Garonne.	5. France du Sud-Ouest.
14. Le Limousin et le Poitou.	
15. Guyenne et Gascogne.	
16. Le Plateau central et les Pyrénées orientales.	6. France du Sud.
17. L'Auvergne et les Cévennes.	
18. Le Languedoc et la Corse.	
19. Bassin du Rhône. Géographie physique.	7. France de l'Est et du Sud-Est.
20. Bourgogne et Franche-Comté. — Lyon.	
21. Dauphiné, Savoie et Provence.	
22. Lorraine et Alsace.	8. Lorraine et Alsace. Algérie et Tunisie.
23. L'Algérie et ses trois provinces.	
24. Ressources de l'Algérie et de la Tunisie.	
25. Colonies françaises d'Afrique.	9. Colonies françaises.
26. La Réunion et les colonies françaises d'Asie.	
27. Colonies françaises d'Amérique et d'Océanie.	
28. Etendue, côtes et mers de l'Europe.	10. Europe générale.
29. Montagnes de l'Europe. Les Alpes.	
30. Fleuves et climats de l'Europe.	
31. Les Iles Britanniques. Le sud et l'est de l'Angleterre.	11. Grande-Bretagne et Irlande.
32. Le nord et l'ouest de l'Angleterre. L'Ecosse.	
33. Irlande et colonies anglaises.	
34. Les Pays-Bas. L'Escaut, la Meuse et le Rhin.	12. Pays-Bas.
35. Le Royaume de Belgique et ses produits.	
36. Le Royaume de Néerlande. Les Hollandais.	
27. La mer Baltique et les Alpes scandinaves.	13. Etats Scandinaves.
38. Les royaumes de Suède et de Norvège.	
39. Le royaume de Danemark et ses produits.	
40. La Russie et ses cours d'eau.	14. Russie d'Europe.
41. Les Russies, Saint-Pétersbourg et Moscou.	
42. Pologne, Finlande et Caucasie.	
43. Montagnes et eaux de l'Allemagne.	15. Empire d'Allemagne.
44. Le Royaume de Prusse. Berlin.	
45. Les Etats allemands et le commerce de l'Allemagne.	
46. Les Alpes Autrichiennes et les Karpathes.	16. Autriche-Hongrie.
47. Vienne et les Pays Cisleithans.	
48. La Transleithanie et les ressources de l'Empire.	
49. Les Alpes helléniques et les Balkans.	17. Péninsule Slavo-Hellénique.
50. Empire de Turquie et Roumanie.	
51. Royaume de Grèce.	

Leçons.	*Cartes correspondantes.*
52. Montagnes et fleuves de la Suisse. 53. Suisse allemande. Berne et Zürich. 54. Suisse française. Ressources du pays.	18. Suisse.
55. Les Alpes et les Apennins. 56. Fleuves et provinces de l'Italie. 57. L'Italie, ses produits et son commerce.	19. Italie.
58. La Péninsule Ibérique. 59. Le Royaume d'Espagne et son commerce. 60. Le Royaume de Portugal et ses produits.	20. Espagne et Portugal.
61. Côtes de l'Asie. Plateau central. 62. Les quatre versants asiatiques. 63. L'Asie Russe. Sibérie et Turquestan.	21. Asie générale. Asie Russe.
64. L'Asie antérieure. Anatolie et Taurus. 65. Turquie d'Asie. Smyrne et Damas. 66. Le Caucase et la Perse.	22. Asie antérieure. Turquie d'Asie et Perse.
67. Géographie physique de l'Inde. 68. Gouvernement et produits de l'Inde anglaise. 69. L'Indo-Chine. Birmanie et Siam.	23. Inde et Indo-Chine.
70. Montagnes et fleuves de la Chine. 71. L'Empire Chinois. 72. Corée et Japon.	24. Chine et Japon.
73. La Barbarie et le Sahara. 74. Le Soudan et la Guinée. 75. La région du Nil. L'Egypte.	25. Afrique générale.
76. Le plateau de l'Afrique australe. 77. Les Hollandais et les Anglais. 78. Les Allemands. Le Congo. Le Zanzibar.	26. Afrique Australe.
79. Terres polaires et Montagnes rocheuses. 80. Fleuves d'Amérique et Canada. 81. Mexique. Amérique centrale et Antilles.	27. Amérique du Nord.
82. Montagnes et fleuves des Etats-Unis. 83. Géographie politique des Etats-Unis. 84. Ressources des Etats-Unis.	28. Etats-Unis.
85. Amérique du Sud. Les côtes et les montagnes. 86. Les fleuves de l'Amérique du Sud et le Brésil. 87. Républiques de l'Amérique du Sud.	29. Amérique du Sud.
88. Malaisie et colonies néerlandaises. 89. Colonies anglaises d'Océanie. 90. La Polynésie.	30. Océanie.

Comment on fait une composition de géographie: **Le massif des Alpes.**

M. Francisque Sarcey, *le critique si autorisé du* **Temps**, *a apprécié dans ces termes la tentative faite par M. Faguet* :

« Il vient de paraître un ouvrage qui intéresse le théâtre au moins de façon indirecte. C'est un ouvrage d'éducation qui m'a paru excellent,

« Il a pour titre général : *Classiques populaires*, par Emile Faguet, un de mes jeunes camarades de l'École normale, chez MM. Lecène et Oudin.

« Les deux volumes parus sont Corneille et La Fontaine.

« Quelques mots vous diront la méthode suivie par le jeune professeur. Elle est ingénieuse et nouvelle.

« Un père de famille cause avec ses enfants. Il leur parle du respect filial et songe au *Cid*. Que fera-t-il? Il dira qu'il y a eu un grand homme qui s'appelle Corneille, qu'il vivait à une certaine époque, qu'il a fait des pièces de théâtre nommées tragédies ; qu'il y en a une entre autres très belle, qui s'appelle le *Cid* ; et il racontera le sujet. Puis il prendra le livre, et, tout en indiquant la suite et la conduite de la pièce, il lira les passages les plus à la portée de l'enfance.

« Voilà précisément ce que s'est proposé de faire et ce qu'a fait à merveille M. Faguet. Son livre est un entretien continu, où s'introduisent, chemin faisant, naturellement et à leur place, analyses, extraits, explications et commentaires.

(*Temps du* 18 *mai* 1885.)

—

Revue critique d'histoire et de littérature (6 juillet 1886).

« Les éditeurs Lecène et Oudin (17, rue Bonaparte) font paraître, sous la direction de M. Emile Faguet, une *Collection des classiques populaires* ; le directeur de la collection explique ainsi le plan qu'il se propose de suivre pour chaque volume : « un entretien continu où s'introduisent, chemin faisant, naturellement et à leur place, analyses, extraits et explications » ; il veut « donner aux enfants et aux jeunes gens une première idée des écrivains français, et, du même coup, les premiers traits d'une grande morale, large, profonde, vraiment humaine ». Deux volumes ont déjà paru : *Corneille* et *La Fontaine* ; ils sont dus à M. Faguet. Viendront ensuite *Victor Hugo*, par M. Ernest Dupuy ; *Lamartine*, par M. Jules Lemaitre. Nous recommandons de grand cœur cette collection ; on louera surtout l'habileté de l'auteur à relier le texte des fables principales entre elles par ses analyses et à les grouper d'après la pensée qui inspirait le fabuliste. Le volume sur *Corneille* est tout aussi bien fait que celui sur La Fontaine ; il explique suffisamment le grand tragique et le met à la portée de l'enfance sous une forme à la fois aisée et originale. »

La Fontaine, par ÉMILE FAGUET, un volume orné d'un portrait et de plusieurs reproductions de Fessard, graveur du XVIIe siècle. — *Troisième édition.*

Corneille, par LE MÊME. Un volume orné de deux portraits et de plusieurs reproductions de Gravelot, graveur du XVIIIe siècle. — *Deuxième édition.*

Michelet, par F. CORRÉARD, ancien élève de l'École Normale Supérieure, professeur d'histoire au collège Rollin. Un volume orné d'un portrait et de plusieurs gravures.

Homère, par A. COUAT, ancien élève de l'École Normale Supérieure, doyen de la Faculté des lettres de Bordeaux, membre du Conseil Supérieur de l'Instruction publique. Un volume contenant un portrait d'Homère d'après Theuvet et dix reproductions de Flaxman.

Fénelon, par G. BIZOS, ancien élève de l'École Normale Supérieure, doyen de la Faculté des lettres d'Aix. Un volume orné de plusieurs reproductions du temps.

SOUS PRESSE :

Racine, par ÉMILE BOULLY, professeur de rhétorique au Lycée Charlemagne.

Victor Hugo, par ERNEST DUPUY, ancien élève de l'École Normale Supérieure, professeur de rhétorique au lycée Henri IV, lauréat de l'Académie française.

Lamartine, par JULES LEMAITRE, ancien élève de l'École Normale Supérieure, professeur à la Faculté des lettres de Grenoble.

Virgile, par A. COLLIGNON, ancien élève de l'École Normale Supérieure, professeur de rhétorique au lycée de Nancy.

LITTÉRATURE

(*Extrait de la nouvelle Bibliothèque littéraire.*)

Les grands Maîtres de la littérature russe au XIXe siècle, par Ernest DUPUY, ancien élève de l'École Normale Supérieure, professeur de rhétorique au Lycée Henri IV. LES PROSATEURS : *Nicolas Gogol.* — *Ivan Tourguénef.* — *Léon Tolstoï.* — Un beau volume in-12, broché. 3.50

Les grands Maîtres du XVIIe siècle. Etudes littéraires et dramatiques, par Emile FAGUET. — Un fort volume in-18 jésus, 3e édition, broché. 3 50

Ouvrage adopté par le Ministère de l'Instruction publique pour les bibliothèques scolaires et populaires.

Le même. Edition grand in-8°, broché. 5 »

Etudes littéraires sur le XIX° siècle, par Emile FAGUET : *Chateaubriand. — Hugo. — Lamartine. — Alfred de Vigny. — Alfred de Musset. — P. Mérimée.— Th. Gautier.— George Sand. — Balzac.* — Un beau volume in-18 jésus, broché. 3 50

Victor Hugo : *L'homme et le poète*, par ERNEST DUPUY. — Un joli vol. in-18 jésus broché. 3 50

Scènes et légendes, par GUY DELAFOREST. — *L'enfance de Roland. — Domrémy. — La vocation de Bayard. — Le petit Guifrey de Boutlières. — Les dames de Brescia. — Une journée d'Ambroise Paré. — Le coup de canon. — Le libérateur de l'Alsace. — Le cuirassier de Morsbronn.* — Un volume petit in-4° illustré, broché. 3 50

Souvenirs d'un soldat, par L. LOUIS-LANDE, ancien élève de l'Ecole Normale Supérieure, avec une introduction par Emile FAGUET. *Le sergent Hoff*, épisode du siège de Paris. — *Impressions et souvenirs d'un jeune invalide. — Les Fusiliers-Marins au siège de Paris.* Trois mois dans les Tranchées. — *Camaron*, épisode de la guerre du Mexique. — Un beau volume grand in-8°, contenant 25 gravures sur bois. 2e édition. Broché. . . . 3 »

L'Art de dire, *Extraits commentés de Molière, Corneille, Racine et La Fontaine*, par Louis LELOIR, de la Comédie française. — Un volume in-12, broché. 2 50

Le même, édition classique. Un vol. in-12, cart. 1 50

GÉOGRAPHIE ET VOYAGES

Nos petites Colonies, *Saint-Pierre et Miquelon. — Le Gabon. — Le Congo. — La Côte-d'Or. — Obock. — Mayotte. Nossi-Bé. — Sainte-Marie de Madagascar. — Etablissements français dans l'Inde.— Taïti et ses dépendances.— Les Marquises.— Les Tamotu. — Les Gambier*, par F. HUE et G. HAURIGOT. 3e édition. — Un fort volume in-12, contenant 30 gravures et 8 cartes, broché 3 50

Nos grandes Colonies, 1re partie, *Amérique. — La Guyane et les Antilles*, par F. HUE et G. HAURIGOT. — Un fort volume in-12, avec gravures et cartes. 3 50

Ces deux volumes sont adoptés par le Ministère de l'Instruction publique pour les bibliothèques scolaires et populaires.

EN PRÉPARATION

L'Afrique, le Sénégal et la Réunion, 1 vol. in-12. . . . . 3 50

L'Asie et l'Australasie : *Cochinchine et Tong-King.— Nouvelle-Calédonie.* — Un vol. in-12. . . . . 3 50

Algérie et Tunisie. *1 vol. in-12.* 3 50
(L'ouvrage, ainsi achevé en 5 volumes, formera une *France Coloniale* complète.)

De France à Sumatra, *par Java, Singapour et Pinang,* par Brau de Saint-Pol-Lias. — Un fort volume in-12, avec une carte et 19 gravures, broché. 3 50

La Chine Méridionale, *De Canton à Mandalay.* — Deux beaux volumes in-12, contenant 60 gravures et une carte ; brochés, 7. — Tome Ier : *Le Kwang-Tung et Kwang-Si.* Tome II. *Le Yunnan,* par Archibald Colquhoun.

Les Russes aux portes de l'Inde, *L'Afghanistan,* par Ch. Simond. — 1 fort vol. in-12 avec 1 carte. . . . . . . 3 »

Les Richesses du Tong-King, *les produits à y importer et l'exportation française. Guide administratif, commercial, industriel et agricole,* par Savigny et Bischoff. — Un fort volume in-12, avec une carte dressée par l'explorateur Jean Dupuis. Broché. 2 50

Ouvrage adopté par le Ministère de l'Instruction publique pour les bibliothèques scolaires et populaires.

Taïti, par le vicomte Pierre de Coral, capitaine d'infanterie de marine. 1 vol. in-8° avec une carte. 1 50

Voyage au pays des Maronites, par Mme la comtesse d'Aviau de Piolant, un joli volume in-12. . . . . 2 50

Les Pyrénées Françaises, texte par Paul Perret, illustrations d'Eugène Sadoux, formant 3 vol. grand in-8° jésus. Chaque volume broché se vend 8 francs et relié 12 francs — 1re partie : *Lourdes, Argelès, Cauterets, Luz, Saint-Sauveur et Barèges.* — 2e partie : *Le pays Basque.* — 3e partie : *L'Adour, la Garonne et le pays de Foix.*

SCIENCES ET INDUSTRIE

Histoire et applications de l'Electricité, par J. Le Breton. — Un fort vol. in-8°, contenant 150 gravures dans le texte. Broché. 5 »
Belle reliure percaline dorée, tranches dorées, 7 fr.

Le Pétrole. *Son histoire. — Ses origines. — Son exploitation dans les différents pays du monde,* par Fernand Hue. — 1 beau vol. in-12, avec gravures et cartes. . . . . 3 »

www.ingramcontent.com/pod-product-compliance
Ingram Content Group UK Ltd.
Pitfield, Milton Keynes, MK11 3LW, UK
UKHW022055260726
13993UKWH00001B/129

9 782019 993719